F. John-Ferrer
Die Letzten der Kompanie

F. John-Ferrer

Die Letzten der Kompanie

Kriegswinter in Russland

Roman

rosenheimer

Der Ablauf des militärischen Geschehens entspricht der geschichtlichen Wahrheit. Die handelnden Personen sind frei erfunden. Eventuelle Ähnlichkeiten sind daher rein zufällig.

6., bearbeitete Auflage
© 2004 Rosenheimer Verlagshaus GmbH & Co. KG,
Rosenheim

Titelbild: Süddeutscher Verlag – Bilderdienst, München, Scherl
Satz: Buch-Werkstatt GmbH, Bad Aibling
Druck und Bindung: Ebner & Spiegel, Ulm
Printed in Germany

ISBN: 3-475-53369-3

Das Dorf kauert sich auf einem Hügel nieder. Vom Westen her, aus der tief verschneiten Tundra kommend, führt eine Schlittenspur zu dem Hügel hinauf.

Charkowka heißt der Ort, der aus etwa 15 erbärmlichen Katen besteht, in dem sich das Leben auf kleinstem Platz zusammendrängt. Strategisch gesehen ist das Dorf von großer Wichtigkeit, denn die erstarrte Frontlinie verläuft von Süden nach Norden und beschreibt um das Hügeldorf herum einen weiten Bogen. Man weiß nicht genau, was sich in dem riesigen Wald verbirgt, der bis auf 500 Meter an Charkowka herangerückt ist, und von dem man nicht mehr sieht als eine dunkle Linie. Treibende Schneestaubwolken verhüllen diesen Wald dann und wann, Skispuren streben auf ihn zu und kehren von Süden her wieder ins Dorf zurück.

Keiner traut diesem Waldungeheuer. Es belauert das Dorf von Norden, Osten und Süden; umfasst es in weitem Bogen und haucht den Deutschen jene erstarrende Kälte entgegen, die einstmals Napoleon vernichtend schlug.

Es mag sein, dass dieses Land im Sommer schön ist, dass der Wald seinen würzigen Atem verströmt und der Gesang der Vögel die Stille der Natur belebt. Es mag sein, dass die Bewohner von Charkowka glückliche Menschen waren, die weitab von den Dienststuben eintreibender Kommissare ihr beschauliches

Leben führten. Es mag auch sein, dass in der winzigen, aus Holzstämmen gebauten Kirche dann und wann ein Pope im festlichen Messgewand einen Gottesdienst abhielt und die Bewohner von Charkowka in gläubiger Andacht knieten und beteten und klangvolle Choräle sangen.

Jetzt aber ist Charkowka gestorben, erstarrt unter dem eisigen Ostwind, erstickt unter den Massen des Schnees. Von den rund 60 Dorfbewohnern sind nur fünf zurückgeblieben und drängen sich im Hause des Dorfnatschalniks um den wärmenden Ofen. In den anderen Katen haben sich die Deutschen breit gemacht, ganze 42 Mann von der vierten Kompanie.

42 von einstmals über 100! Wo ist der größere Teil der Kompanie geblieben? Aufgerieben bei den Kämpfen vor zwei Monaten, verwundet oder mit erfrorenen Gliedmaßen auf Panjeschlitten davongefahren – zurück in die Etappe, in die Heimat. Das waren die, die Glück hatten. Die anderen – die in Russland bleiben mussten –, die liegen irgendwo in Schneelöchern oder in einem ordentlichen Grab aus Erde, mit einem schlichten Birkenkreuz geschmückt und einem Stahlhelm obendrauf.

Die Mittagszeit und die Strahlen der blassen Wintersonne vermögen die Kälte nicht zu verringern, die an diesem Tag herrscht. Lautlose Stille liegt über dem Dorf. Der eisige Windhauch ist eingeschlafen. Aus mehreren Stummelschornsteinen steigt schwacher Rauch empor.

Im letzten Haus am Ostausgang Charkowkas sind die Fußbodenbretter herausgerissen. Durch die untersten Holzbalken ist ein Loch geschlagen, dahinter liegt auf blanker Erde der Gefreite Hans Bromberger und lässt den Blick durch das schwere Doppelglas über den Waldrand wandern.

Bromberger trommelt mit den Fußspitzen den Boden. Die Zehen sind abgestorben, die Kälte lähmt den ganzen Körper. Aber der Befehl lautet: »Waldstreifen beobachten. Jede Bewegung melden.«

Bromberger redet sich ein, dass ihn gar nicht friert, dass dieses Loch hier gemütlich warm ist, dass er ja nur noch eine halbe Stunde Wache hat. Dann darf er in die vermiefte Stube zurück, in der die Kameraden Siebzehnundvier spielen, Kartoffelschnaps aus Feldflaschen trinken und ohne Filzstiefel, ohne Mantel rumsitzen können. Man wird dann Läuse jagen, sie aus dem Hemd lesen, auf ein Brett legen und mit dem Daumennagel zerknacken. Läusejagen ist besser, als hier vor diesem zugigen Loch zu sitzen und zwei Stunden lang zu frieren.

Die Optik des Doppelglases tastet wieder und wieder den nahen Waldstreifen ab. Niemand ist zu sehen. Keine einzige Bewegung. Der Gegner liegt vielleicht ganz woanders – weit rechts drüben bei der Ersten oder in der unendlichen Tundra. Nichts ist hier los, gar nichts! Die Nieren macht man sich nur kaputt, die Blase, die Knochen!

»Saumist, elender!«, murmelt Bromberger und hämmert wütend mit den Fußspitzen auf den Boden. Er spürt die Bewegung nicht mehr, die Füße sind wie abgestorben.

Da! Was ist das?

Bromberger setzt noch einmal das schwere Glas an die Augen. Drüben im Wald ist Schnee von den

Bäumen gerieselt. Nur eine Sekunde lang hat der Gefreite Bromberger das dünne Gerieseln gesehen. Kein Windhauch, die Luft steht still. Warum fällt dann Schnee von den Bäumen? Kriecht dort drüben jemand herum?

Der Gefreite rappelt sich hoch, steht aufrecht vor dem mannsgroßen Loch in der Mauer und schaut zum Wald hinüber.

Plötzlich züngelt drüben ein bläulicher Blitz auf. Fast gleichzeitig mit dem scharfen Knall spürt Bromberger einen harten Schlag gegen die Brust.

Das schwere Doppelglas fällt mit dumpfem Gepolter nieder. Bromberger tastet nach seiner Brust. Was ist das nur? Der Wald vernebelt sich, die Sonne verlöscht, der Boden beginnt unter den Füßen zu torkeln.

Mich hat's erwischt, denkt Hans Bromberger. Erwischt … in der Brust … ins Schwarze getroffen.

Ihm wird so leer zumute, ihm ist es, als flösse das Blut aus einem breiten Loch heraus. Schwäche saust in die Knie. Es wird immer dunkler, und aus diesem Dunkel dringt Gepolter, rasselt ein MG los.

Ganz langsam rutscht Bromberger an der Mauer nieder, mit geschlossenen Augen und die Rechte gegen die linke Brustseite gepresst. Die Füße scharren am Fußboden entlang, der Körper sitzt jetzt, der Kopf wird so schwer. Ein dumpfes Dröhnen liegt in den Ohren.

Ich bin tot, denkt Bromberger, ich bin von so einem Partisanenschwein umgelegt worden … Aus …! Mutter …! Mutter! Dein Beten hat nichts genützt … Tschüss, Mutter …

Brombergers Kopf fällt schlaff nach vorne – mit ihm der Oberkörper. Die Hand ist von der linken Brustseite gesunken und liegt leblos neben dem Körper.

Draußen hämmern jetzt zwei MGs. Jemand brüllt einen Befehl. Dann erhebt sich dünnes Einzelfeuer. Schritte poltern heran. Ein weiß gekalkter Stahlhelm taucht zwischen den Balken auf – ein Kopf, ein bärtiges Gesicht. Dahinter ein zweites, ein drittes.

Oberleutnant Heinz Müller beugt sich über den Toten. Die beiden anderen Gestalten werfen sich vor dem Auslug nieder und schieben ein MG hinaus. Klirrend klappt das Schloss zu.

»Fertig«, murmelt der MG-Schütze und zieht die Waffe in die Schulter, visiert den Waldrand an und zieht durch.

In kurzen, bösen Feuerstößen jagen die Geschosse aus dem Lauf. Immer wieder. Franz Täubler, der Schütze eins, schwenkt das MG, beißt die Lippen zusammen, schießt und schießt, bis der Gurt leer ist.

Im Hintergrund kauert Kompaniechef Oberleutnant Müller neben dem Toten, hebt dessen Kopf am Kinn hoch, schaut in das starre Gesicht und lässt es langsam wieder herabsinken.

Dort, wo das MG in Stellung liegt, ertönt das Rasseln eines frisch eingelegten Gurtes.

»Stopp!«, ruft Müller zurück. »Nicht mehr schießen … Munition sparen!«

»Jawoll, Herr Oberleutnant«, grunzt Täubler.

Müller beugt sich noch einmal über den Toten, knöpft ihm mit behutsamer Hand den Mantel, die Uniform auf und berührt die warme Haut.

»Armer Kerl«, murmelt der Kompaniechef und denkt daran, dass Bromberger die am kommenden Sonntag fällige Beförderung zum Unteroffizier nicht mehr erlebt hat.

Das Schießen ist verstummt. Die Stille gähnt wieder heran. Oberleutnant Müller hat Brombergers Erkennungsmarke herausgezogen und knickt die untere Blechhälfte ab, steckt sie in die Manteltasche.

20 solcher Blechhälften, nein, noch mehr waren es, die Oberleutnant Heinz Müller in den letzten zwei Monaten abknicken musste. Und jetzt hat es Bromberger erwischt. Wieder einen! Jeden zweiten Tag schießen diese heimtückischen Hunde aus dem Wald herüber. Es ist unmöglich, die Heckenschützen zu erwischen; sie tauchen in dem Wald unter. Es nützt auch nichts, wenn man Skispuren verfolgt; der Wind verweht sie im Nu.

Aber heute ist es windstill! Heute muss man diese Banditen fangen!

Die große Gestalt des Kompaniechefs verschwindet. Wie schlafend hockt der Tote an der Mauer. Drüben am Auslug flüstert Täubler mit dem Schützen Brunkow:

»Der Hans war bestimmt gleich hinüber.«

»Glaub's nicht, Franz ... hat sich doch noch zur Seite weggeschleppt.«

Sie schauen nicht mehr ins Dunkel zurück, wo der Tote an der Mauer hockt, sie starren geradeaus, auf den Wald, in dem sich nichts mehr regt.

Indessen ist der Oberleutnant zum Ortsausgang gelaufen. Dort liegt die Gruppe Brettschneider in einem Schneeloch in Stellung. Die weißen Stahlhelme der Leute heben sich nur wenig von der Auflage ab, die in den Schnee geschaufelt wurde.

Ein leichtes MG und neun Karabiner sind auf den Waldrand gerichtet.

Da springt der Kompaniechef in den Schneegraben.

»Brettschneider!«

Eine untersetzte, im dicken Wintermantel steckende Gestalt dreht sich um, ein bärtiges Gesicht schaut unter dem weiß gekalkten Stahlhelm hervor.

»Herr Oberleutnant?«

»Wir müssen versuchen, die Kerle zu kriegen«, sagt Müller und schiebt den Stahlhelm aus der Stirn. »Es ist windstill, Spuren müssen da sein.«

Das breitknochige, feiste Gesicht des Feldwebels verzieht sich zu einem Grinsen.

»Hab auch schon daran gedacht, Herr Oberleutnant.«

»Gut. Nehmen Sie Ihre Leute, und kämmen Sie den Wald durch. Abmarsch in …« – Müller schiebt den Mantelärmel hoch und schaut auf die Armbanduhr – »Abmarsch in genau zehn Minuten. Ich werde Unteroffizier Brand ebenfalls losschicken. Sucht den Wald in einem umfassenden Bogen von Norden nach Süden ab. Brand wird mit seinen Leuten vom Süden herauf vordringen. Passt aber auf, dass ihr euch nicht gegenseitig anschießt.«

Die Männer an der Schneebrüstung drehen sich um und nicken. Feldwebel Brettschneider bespricht mit dem Kompaniechef noch einmal ganz kurz den Einsatzbefehl, dann schwingt Müller sich aus dem Graben und springt in Deckung der Häuser zum südlichen Dorfeingang, wo die Gruppe des Unteroffiziers Brand den gleichen Einsatzbefehl erhalten soll.

Man muss doch endlich einmal wissen, was in diesem verdammten Waldstück los ist! Lange genug hat man ihn belauert! Mancher Schuss ist aus ihm gefallen und hat Unheil angerichtet.

Genau zehn Minuten später lösen sich aus beiden Seiten des Dorfes Gestalten in weißen Schneehemden, huschen auf Skiern voran und tauchen alsbald im Wald unter.

Alois Brettschneider läuft voran. Er ist ein guter Skiläufer. Die nachfolgenden acht Mann haben alle Mühe, den Abstand zu halten. Weich und pulvrig ist der tiefe Schnee. Man sieht die Skispitzen nicht. Eine tiefe Spur läuft den neun Mann nach, die keuchend den Waldrand erreichen.

Brettschneider hebt die Hand. Flüsternd gibt er den Befehl: »Verbindung halten! Schnauze halten! Geschossen wird nur auf Befehl! Wir müssen versuchen, die Schweine lebendig zu kriegen! Los jetzt …!«

Brettschneider bleibt an der Spitze seiner Gruppe. Lautlos und wie Spukgestalten aussehend, tauchen sie im tief verschneiten Wald unter, um eine zangenartige Umgehung zu vollführen, die von rückwärts dann an die Partisanen heranführen soll.

Dasselbe unternimmt Unteroffizier Brand mit seinen nur sechs Männern. Es sind genaue Zeiten abgemacht worden, nach denen man den Umgehungsbogen einschlagen muss. Die Gefahr, sich gegenseitig zu beschießen, ist ausgiebig besprochen worden. Es

12

kommt jetzt hauptsächlich darauf an, möglichst leise an die Stelle heranzukommen, von wo aus vorhin die Schüsse fielen.

Kompaniechef Müller ist im Dorf zurückgeblieben. Der Rest der Vierten liegt gefechtsbereit am Rande des Dorfes und belauert das Waldgelände.

16 Mann sind unterwegs, denkt Müller besorgt. Hoffentlich geht alles gut! Es musste doch etwas unternommen werden, um diesem täglichen Spuk ein Ende zu bereiten! Oder sind es gar keine Partisanen, die geschossen haben? Ist es etwa ein Spähtrupp der Roten Armee gewesen, der sich bis an den Waldrand vorgewagt hat?

Abwarten heißt es.

Es warten auch die in Charkowka zurückgebliebenen Zivilisten. Sie drängen sich im Haus des Starostijs zusammen: Alexei Kokowkin, der Dorfnatschalnik, und seine große Familie.

Towarisch Kokowkin sitzt auf dem Ofenplatz. Seine hellen Augen wandern über die Gestalten im vermieften Raum. Dort im Winkel sitzt Irina, die älteste Tochter Kokowkins, und stillt ihr vor 14 Tagen zur Welt gekommenes Kind. Neben ihr sitzt die Großmutter und schaut auf den Säugling im Arm. An der Wand lehnt Fjodor, ein von einer geistigen Behinderung gezeichneter junger Mann; er lässt den Unterkiefer herabhängen und schläft im Stehen.

Auf der Kartoffelkiste sitzt ein weiterer Jugendlicher. Er starrt abwesend auf die Spitzen seiner dicken Filzstiefel. Unter der Fellmütze, die Boris Kokowkin zu jeder Tages- und Nachtzeit auf dem Kopf hat, beginnt ein ovales, auffallend hübsches Gesicht mit großen, mandelförmig geschnittenen, sanften braunen Augen. Seine Haut spannt sich glatt und elfenbeinfarben über leicht vorstehende Backenknochen.

Jetzt wendet Boris den Kopf und schaut zu dem schnarchenden Fjodor auf. Er stößt den stehenden Schläfer an die Beine:

»He, du!«

Fjodor erschrickt fürchterlich – so sehr, dass er sofort auf die Knie niederfällt und bittend die Hände hebt, als gälte es, von jemandem Gnade zu erflehen.

Boris lächelt und legt ihm den Arm um die Schulter. »Komm, setz dich lieber, wenn du schlafen willst.«

Auch die Großmutter grinst mit zahnlosem Mund herüber. Das Kind im Arm Irinas mag nicht mehr trinken und dreht das schwitzende Köpfchen zur Seite.

»Mein Engelchen«, murmelt die Mutter und tupft mit einem nicht ganz sauberen Tuch über das vom Trinken erschöpfte Kindergesichtchen.

Irinas Mann ist fort. Sie weiß nicht, wo er ist. Vielleicht schon in Uniform. Vielleicht auch als Partisan. Alle jungen Männer sind davongelaufen, als die Deutschen aus dem Schneegestöber auftauchten und sich in den Häusern breit machten. Zurückgeblieben sind nur die paar Leute, die sich jetzt um den warmen Ofen aus Lehm drängen, auf dem Towarisch Alexei Kokowkin sitzt, sich kratzt und mit nachdenklichen Augen die Seinen überblickt, die er zum Hierbleiben überredet hat.

War es gut? War es schlecht?

14

Towarisch Kokowkin ist ein alter Mann. Er hat viele stürmische Zeiten erlebt; er weiß noch ganz genau, wie es war, als Väterchen Zar über das große Russland regierte; er weiß, wie es war, als die Revolution das Land durchstürmte; und er hat es nicht gleich verstanden, warum auf einmal statt des russischen Doppeladlers Hammer und Sichel auf den Fahnen klebten. Als der Kommissar kam und ihm befahl, der Dorfnatschalnik zu sein, hatte Towarisch Kokowkin ja gesagt. Zu allem. Und das sagt er jetzt auch zu den Deutschen, die seit ein paar Wochen in Charkowka nisten. Ein Russe muss zu allem ja sagen, egal, um was es sich handelt. Ein Nein kann Sibirien bedeuten oder einen Genickschuss, den Tod vor dem selbst geschaufelten Grabloch.

Das alles hatte Towarisch Kokowkin den Seinen zu erklären versucht, als die Deutschen auf das Dorf zukamen. Die Männer und eine Menge junger Frauen und Mädchen liefen aus dem Dorf. Wenig später kamen die Besatzer.

»Wie heißt du?«, fragte einer, der wie ein Bär aussah und bei dem es sich um den russisch sprechenden Feldwebel Brettschneider handelte.

Towarisch Kokowkin sagte seinen Namen.

»Wo sind die anderen?«, lautete die nächste Frage.

Da musste Towarisch Kokowkin mit den Achseln zucken, weil er das nicht genau wusste. Daraufhin stieß ihm der Deutsche den Lauf der MP in den Bauch und sagte:

»Wehe, wenn uns hier was passiert! Dann kriegt ihr die Schaufel in die Hand!«

Towarisch Kokowkin nickte dazu. Was sollte er

auch anderes tun? Ihm war schwer ums Herz, viel schwerer als damals, als die Revolution durch das Land brüllte und in Leningrad die Anhänger des ermordeten Zaren an Laternenpfählen baumelten.

Dann kam ein anderer in die Stube, ein großer Mann mit guten grauen Augen und zerfurchtem Gesicht. Das war, wie es sich alsbald herausstellte, der Offizier. Er ließ von dem Bären den Befehl übersetzen. Der lautete etwa so:

»Das Dorf Charkowka untersteht meinem Befehl. Die Zivilbevölkerung hat Gehorsam zu leisten. Wer Waffen bei sich trägt, wer mit der Waffe in der Hand angetroffen wird, wird ...« Und es folgten noch ein paar Anweisungen mehr, die Towarisch Kokowkin zu befolgen versprach.

Schlimme Zeiten! Verdammter Krieg! Towarisch Alexei Kokowkin hat nie große Ansprüche ans Leben gestellt, wollte mit seinen paar Kartoffelfeldern und dem Dutzend magerer Ziegen zufrieden sein; wollte dem Kommissar gehorchen; wollte dem Dorf ein guter Starostij sein. Jetzt war plötzlich wieder Krieg, kaum dass der letzte vorbei war; jetzt knallte es wieder im Wald, und statt Wildbret fielen Menschen um. Die Deutschen saßen im Dorf. Die Bewohner waren fortgelaufen, und Irina, die Frau des Bauern Iwan Nikitin, gab mit ihrer Milch dem Kind auch die ganze Angst zu trinken, die seit ein paar Wochen das Herz zusammenschnürte.

»Geh weg vom Fenster!«, ruft Towarisch Kokowkin dem jungen Boris zu. »Du weißt, dass die Germanski das verboten haben!«

Boris gehorcht und geht vom Fenster weg, durch

das er einen Blick nach draußen geworfen hat. Die Sonne ist verschwunden. Ein kaltes Dämmerlicht ist angebrochen.

Der junge Russe hockt sich auf die Kartoffelkiste nieder und schaut zu Irina hinüber, die das Kind in den Armen wiegt. Alle schauen auf das Kind. Es ist in einer schlimmen Zeit geboren und noch nicht einmal getauft worden. In der Kirche sitzen die Deutschen und benützen den Turm als Beobachtungsplatz. Das Weihwasser ist gefroren, und der Pope traut sich schon seit Monaten nicht mehr nach Charkowka.

Irina summt ein Lied und wiegt das ungetaufte Kind auf den Armen. Dann fällt der Brummbass des Großvaters ein, dann noch ein paar Stimmen. Die ganze Familie summt das Lied; es hört sich an, als sei Ostern.

Boris Kokowkin schließt die Augen, und da sieht er plötzlich grünes, saftiges Land, viel Sonne, viele Menschen. Sie kommen den Weg herauf und sind fröhlich und singen, winken, rufen sich Grüße zu. Es ist Ostern, es ist kein Krieg …

»He!«, ruft jemand, und der Gesang bricht jäh ab. Unter der Tür steht ein deutscher Soldat, den weiß gekalkten Stahlhelm auf dem Kopf, das Gesicht halb vermummt, mit einem Karabiner in der Hand, den er jetzt anhebt.

»Du … und du … und du! Mitkommen! Los, los … dalli!«

In den Gesichtern der Menschen zuckt Angst.

Der Soldat schaut sich um, sieht eine Schaufel in der Ecke lehnen und nimmt sie, wirft sie Boris zu und blökt: »Dawai, dawai!«

»Bosche moje ...«, stammelt die Frau mit dem Kind und ahnt Grässliches.

»Raus mit euch, ihr Banditen!«, schreit Soldat Brennecke. »Schaufeln sollt ihr!«

»Nje ponjemaju, Pan«, stottert Towarisch Kokowkin, obwohl er sofort verstanden hat, was es bedeutet, wenn man eine Schaufel in die Hand gedrückt bekommt.

Soldat Brennecke winkt mit dem Gewehrlauf, blökt ein ungeduldiges »Dalli, dalli, ihr Banausen« und treibt den Alten und die beiden anderen mit kraftlosen Kolbenstößen aus der Stube. Aufheulend folgen die beiden Frauen. Das Kind wimmert im Steckkissen. Die Stubentür bleibt offen stehen. Eine Dunstwolke dringt aus der Haustür in die klirrende Kälte hinaus.

Drüben bei dem Haus, in dem Bromberger erschossen wurde, liegt ein längliches Bündel im Schnee. Man hat den Toten aus dem Haus geschafft, in eine Zeltbahn eingeschlagen und in den Schnee gelegt.

Täubler und Brunkow stehen neben dem Gefallenen und schauen ergrimmt den heranstolpernden Russen entgegen.

»Umlegen sollte man die«, knirscht Täubler. Aber dazu hat er keinen Befehl bekommen – nur, dass für den Gefreiten Bromberger ein Grab geschaufelt werden soll, und das müssen die Russen tun.

Der Haufen kommt heran. Die Frauen heulen laut. Es sieht ja auch wirklich aus, als müsse man sein eigenes Grab schaufeln.

»Los, schaufeln!«, schreit Täubler.

18

»Bloß eine Schaufel?«, entrüstet sich Brunkow. »Noch zwei braucht ihr! Los, holt sie her! Du holst sie!«, blökt er Boris an. »Mach fix, sonst passiert dir was!«

Die Gesten, mit denen Brunkow seinen Befehl unterstrichen hat, waren eindeutig genug. Boris trabt noch einmal zurück und holt eine Spitzhacke und eine zweite Schaufel.

Zähneklappernd warten die Russen auf das, was nun kommen soll. Auch Towarisch Kokowkin ist besorgt. Scheu blickt er auf das längliche Bündel.

»Ja, guck nur, du Bandit!«, schreit Täubler den Alten an. »Den habt ihr umgebracht! Da – schaut her!« Er bückt sich und schlägt die Zeltbahnzipfel auseinander.

Friedlich liegt der tote Bromberger da, die Augen geschlossen, wie schlafend. Der Bart stoppelt in dem schmutzig-braunen Gesicht, die Lippen stehen leicht offen; es sieht aus, als lächle der Tote.

Die Frauen schluchzen. Towarisch Kokowkin schüttelt leise den Kopf.

»Bosche moje …«, stammelt die Großmutter. Irina Nikitinowa wendet sich ab, presst das Kind fest an sich und geht mit wankenden Schritten zu der offen stehenden Haustür zurück, aus der die Wärme als Dunst entflieht.

»Fangt an«, bellt Täubler die Russen an. »Dawai, dawai …!«

Die drei angstschlotternden Gestalten begreifen jetzt. Der Alte spuckt als Erster in die Hände und packt den Hackenstiel. Boris tut es dem Großvater gleich.

Es ist ein hartes Stück Arbeit, in die knochenfest gefrorene Erde ein mannsgroßes Loch zu schachten.

Neben der Zeltbahn warten die drei Soldaten und bewachen den Fleiß der Russen. Als das Grab tief genug ist, taucht der Kompaniechef zwischen den verschneiten Häusern auf; mit ihm kommen noch vier Mann. Mehr kann Oberleutnant Müller für das Begräbnis nicht abziehen.

Es wird nur ein ganz kurzer Begräbnisakt sein, den der Kompaniechef abhält.

»Legt ihn ins Loch, Leute«, befiehlt Müller.

Vier Mann heben die Zeltbahn mit dem Toten hoch. Lang und bereits vollkommen erstarrt liegt Hans Bromberger darauf. Seine Gestalt schüttelt sich, kippt zur Seite, legt sich dann wieder auf den Rücken.

Behutsam sinkt der Leichnam in das kaum ein Meter tiefe Grabloch.

Oberleutnant Müller rückt den Stahlhelm gerade, strafft sich. Seine grauen Augen gleiten über die Gesichter der sieben Mann, die ganz von selbst eine stramme Haltung angenommen haben. Müller schaut auch den drei Russen in die Augen. Zuletzt Boris.

Die dunklen Augen des Burschen ruhen mit suchendem Ausdruck auf Müllers Gesicht. Ein paar Sekunden lang. Dann senkt Boris seinen Blick.

»Haut ab!«, bellt Täubler die drei Russen an.

»Kommt«, murmelt Towarisch Kokowkin und wendet sich ab, benützt den Hackenstiel als Spazierstock und geht auf das im Schnee hockende Haus zu. Nur Boris dreht sich noch einmal um, als er die Haustür erreicht.

20

Drüben bei dem großen, dunklen Fleck, den die ausgeworfene, harte Erde um das Grabloch gebildet hat, beginnt Oberleutnant Heinz Müller mit der Grabrede für den gefallenen Gefreiten:

»Er war ein guter Soldat«, sagt Müller mit kratziger Stimme. »Gefallen für die Heimat. Wir werden unsern Bromberger nicht vergessen. Ruhe aus in fremder Erde, schlaf gut, Hans Bromberger.«

Kein Wort von Führer und Heldentum, von Durchhalten und Treue, keine salbungsvolle Rede über den Sinn dieses Todes. Oberleutnant Müller hat seine eigene Meinung von diesem Krieg. Die kann er natürlich hier, vor dem Grab, nicht äußern.

»Kameraden – stillgestanden!« Müllers Stimme klingt scharf.

Die sieben Gestalten zucken zusammen und stehen stramm. Müller legt die Rechte an den Stahlhelmrand.

Die letzte Ehrung für den Gefallenen dauert nur ein paar Atemzüge lang. Kein Laut regt sich. Die Kälte ist schneidend. In dieses frostklirrende Schweigen hinein fallen in der Ferne Schüsse. Gewehrfeuer. Dann das ferne Rasseln einer Maschinenpistole.

Die Stille schlägt wieder über die Männer am Grabe zusammen. Sie horchen nach rückwärts. Nur die Augen rollen lauernd zur Seite.

»Rührt euch!«

Die sieben bewegen sich und werden um ein paar Zentimeter kleiner.

»Grabt ihn ein. Proske und Kempf, ihr zwei. Beeilt euch.« Müller befiehlt das, nachdem er drei

Hand voll Erde in die Grube geworfen und sich aufgerichtet hat.

»Das kann die Gruppe Brettschneider gewesen sein, Herr Oberleutnant«, sagt Täubler.

»Wahrscheinlich«, brummt Müller.

Die beiden abkommandierten Männer haben schon die im Schnee steckenden Schaufeln gepackt und werfen das Grab zu.

»Geht auf eure Plätze zurück«, befiehlt Müller seinen Leuten.

Er schaut auf die Armbanduhr. Es ist fünf Minuten nach halb fünf. Das Tageslicht schwindet. Eine pastellfarbene Stimmung liegt über dem Land.

Oberleutnant Müller will gehen, als ihn Täubler zurückhält:

»Herr Oberleutnant, ich hab die Sachen von Bromberger. Hier ...«

Es sind Brombergers Brieftasche, die Müller entgegennimmt, dann noch ein großes Taschenmesser, ein rostiger Hufeisennagel und – ein zerrissener Rosenkranz.

Der Bromberger trug also einen Rosenkranz bei sich. Keiner wusste das, niemand hatte den Bromberger je mit einem Rosenkranz in der Hand gesehen, und doch trug er ihn in der Hosentasche herum.

»Danke«, murmelt Müller und nimmt die Sachen in Empfang, stopft sie in die Manteltasche und geht dann mit langen Schritten auf die linke Häuserreihe zu, in der sich die Restkompanie verkrochen hat.

Müller kontrolliert die Stellungen in und hinter den Häusern.

22

»Keine besonderen Vorkommnisse«, melden heisere Stimmen. »Alles in Ordnung, Herr Oberleutnant«, brummt der Geschützführer der einzigen vorhandenen Panzerabwehrkanone zwischen den zwei verschneiten Holzstößen.

Frierend, mit erstarrten Gliedern, zähneklappernd und zusammengekauert belauern die restlichen Männer der Vierten den Wald, in dem vorhin geschossen wurde.

Der Kompaniegefechtsstand ist in der kleinen Holzkirche untergebracht. Im Giebel befindet sich neben der einzigen Glocke der Beobachtungsstand. Dort oben hängt seit über einer Stunde ein Mann und schaut sich die Augen aus. Aber nichts rührt sich in dem verdammten Waldstück. Wohin man schaut, nichts als schweigender, tief verschneiter Wald und dahinter der sich schwarz verfärbende, aufziehende Nachthimmel mit beginnendem Sternengefunkel.

Müller betritt die Sakristei, in der sich der Gefechtsstand breit gemacht hat. Ein Benzinofen brennt mit kleinster Flamme und unternimmt den vergeblichen Versuch, ein bisschen Wärme zu verhauchen. Stroh liegt auf dem rohen Bretterboden. Zwei Mann kauern vor dem Funkgerät und rauchen.

Als Müller eintritt, meldet der Gefreite Scholz:

»Das Bataillon hat eben angerufen, Herr Oberleutnant.«

»Und …?«

»Ihr Gegenruf wird vom Herrn Major erwartet.«

»Stellen Sie die Verbindung her, Scholz.«

Der Gefreite schraubt mit klammen Fingern an den Knöpfen. Dann ertönt seine halblaute Stimme:

23

»Hier Edelweiß, hier Edelweiß, wir rufen Nachteule. Bitte kommen!«

Knack, macht der Schalthebel, und Scholz horcht auf die Antwort.

Müller kauert neben dem Gerät und setzt sich den zweiten Kopfhörer auf.

»Hier Nachteule, hier Nachteule«, ertönt die Antwort.

»Wir hören. Bitte kommen.«

Müller nimmt das Mikrofon entgegen und drückt die Sprechtaste. »Hier Edelweiß. Müller. Ich höre, bitte kommen!«

Dann ertönt die Stimme des Majors: »Was ist los bei euch? Wir hörten Schießen. Geben Sie Meldung durch, Edelweiß! Kommen!«

»Ein Mann durch Heckenschützen ausgefallen«, meldet Müller und setzt sich auf das plattgedrückte Stroh. »Den Gefreiten Bromberger hat es erwischt, tot. Ich habe zwei Erkundungstrupps losgeschickt. Es ist anzunehmen, dass sie Feindberührung bekommen haben. Nachteule, bitte kommen.«

Die Antwort klingt bedauernd. »Ein Mann also. Schade. Sie wissen, was Sie zu tun haben, wenn Partisanen eingebracht werden? Kein Pardon, Edelweiß, das ist klar. Greifen Sie hart durch, statuieren Sie drastische Exempel, verstanden? Edelweiß, erhöhen Sie Wachsamkeit. Es ist damit zu rechnen, dass wir angegriffen werden. Im Planquadrat C 4 sind Bewegungen festgestellt worden. Feuererlaubnis wird von Ihnen gegeben. Handeln Sie selbstständig, und erwarten Sie meinen Ruf in 30 Minuten. Ende.«

Es knackt im Hörer, Müller reicht dem Gefreiten das Mikrofon zurück und nimmt den Kopfhörer ab.

»Gehen Sie in 30 Minuten wieder auf Empfang, Scholz.«

»Jawoll, Herr Oberleutnant.«

»Es gibt Stunk«, murmelt Müller und erhebt sich, setzt den Stahlhelm auf und leert dann die Manteltaschen aus, in denen Brombergers Habseligkeiten stecken.

»He!«, ruft plötzlich eine Stimme aus der Höhe. »Brettschneider kommt mit seinem Haufen zurück. Sind noch ein paar Figuren dabei. Russen, wie mir's scheint!«

»Er hat sie geschnappt!«, freut sich Scholz, und auch der andere Nachrichtenmann grinst und stolpert aus der Sakristei.

Müllers Miene wirkt alt und verfallen, als er den Kompaniegefechtsstand verlässt.

Ja, Feldwebel Brettschneider hat sie erwischt. Drei Kerle, die nach einer Zickzackjagd die Arme hoben und sich mit stumpfen Mienen in ihr Schicksal ergaben. Mit Fußtritten und Kolbenhieben sind sie durch den Schnee geprügelt worden, verfolgt von grimmigen deutschen Flüchen.

Vom Wald her nähert sich der Trupp. Die Russen haben keine Schneeschuhe an den Füßen, waten tief im Schnee, fallen hin, werden angebrüllt und dann und wann mit den Skistöcken geschlagen.

»Los, ihr Banditen – an die Wand mit euch! Gleich sind wir da … nur noch ein paar Minuten, dann könnt ihr für immer verschnaufen!«

Der eine Partisan ist fast zwei Meter groß. Er fällt auch nicht so oft hin wie die anderen, die viel kleiner sind und sich mit ihren kurzen Beinen durch den bauchhohen Schnee wühlen müssen.

Die harten Augen des Feldwebels weilen wie liebkosend auf den drei Todgeweihten. Ein grausames Lächeln spielt um seinen Mund. Ihm sind sie nicht entkommen, die drei. Er hat sie sehr geschickt umgangen und ihnen den Weg abgeschnitten. Vier andere sind im Schnee liegen geblieben, niedergestreckt von raschen Schüssen.

Brettschneider hat noch keine Zeit gehabt, darüber nachzudenken, wo Unteroffizier Brand mit seinen sechs Mann geblieben ist. Über den Erfolg der Menschenjagd hat er das Schicksal der anderen Gruppe ganz vergessen – im Unterbewusstsein die Meinung aufstellend, dass Brand mit seinem Haufen vielleicht schon in Charkowka eingetroffen sei.

»Vorwärts, ihr Rübenschweine!«, blökt jemand.

Bis zum Dorf sind es nur noch ein paar Meter. Gestalten tauchen auf und grinsen den Heimkehrenden entgegen.

»Wir haben sie, Jungs!«, ruft man. »Drei Banditen! Das sind die Säue, die den Bromberger abgeknallt haben!«

»Säue, ja … Säue!«, schreien ein paar und ballen die Fäuste.

»Los, los, macht Beine, ihr Banditen!«

Oberleutnant Müller kommt langsam heran. Er wirkt grau und krank, geht vornübergeneigt und bleibt zwischen seinen Männern stehen.

Keuchend arbeiten sich die drei Russen näher und

knicken, als sie heran sind, zusammen, bleiben japsend im Schnee liegen.

»Feldwebel Brettschneider mit acht Mann zurück«, meldet Brettschneider und deutet mit der MP auf die Russen. »Geschnappt. Vier erschossen worden. Die drei da hab ich für den Bromberger aufgespart und mitgenommen.«

Müller legt nur zustimmend die Rechte an den Stahlhelmrand.

Unter den Männern wird gemurmelt. Jemand geht zu einem der daliegenden Russen hin und reißt ihn am Kragen hoch, schaut ihm in das erschöpfte Gesicht und – spuckt ihn an. »Du Sau, du …!«

»Lassen Sie das, Heinecke!«, verweist Müller den aufgebrachten Mann.

Heinecke gibt dem Russen einen Stoß und tritt gehorsam zurück.

»Sperrt sie ein«, befiehlt Müller.

Er hat unangenehm helle und scharfe Augen, kalte Augen, die auf jeden losstechen. Sie bilden einen seltsam wilden Kontrast zu dem nussbraunen, feisten, stoppelbärtigen Gesicht unter dem Stahlhelm. Es sind gefühllose Augen. Alois Brettschneider verfügt über wenig Gefühl; von Beruf ist er Metzgergeselle. Das liegt aber schon weit zurück, denn Brettschneider zog es vor, zur Reichswehr zu gehen und einen Zwölfjahreskontrakt zu unterzeichnen. Er hat sich als ausgezeichneter Soldat bewährt, dieser Feldwebel Brettschneider, er ist immer vornedran. Er hat aber auch schon mehr als einmal einem Russen die MP ins Genick gesetzt und durchgezogen. Müller ist sich nicht ganz klar darüber, ob er ihn anerkennen oder ablehnen soll. Innerlich lehnt er ihn ab, äußerlich tut er so, als akzeptiere er ihn. Was soll er auch sonst machen, der Herr Oberleutnant Heinz Müller, der von Berufs wegen Schullehrer ist und seinen Kindern jede Tierquälerei verbot oder sonstige grausame Eigenwilligkeiten, wie sie unter Kindern oft gang und gäbe sind.

»Wollen wir nicht erst die Sache mit den Banditen erledigen, Herr Oberleutnant?«, fragt Brettschneider und grinst.

»Das hat noch Zeit«, erwidert Müller. »Gehen Sie mit den Leuten erst etwas Warmes essen.«

»Auch nicht schlecht«, meint Brettschneider. Plötzlich fragt er: »Ist der Brand schon zurück?«

»Nein.«

»Verdammt, verdammt«, knurrt der andere, »dann geb ich keinen Pfennig mehr für Brand und seine Leute.«

Sie schauen sich an. Müllers Miene ist sorgenschwer. Er zwingt sich zu einem Lächeln und sagt:

»Vielleicht kommt er noch.«

Dieses Vielleicht jagt Müller, kaum dass er es ausspricht, einen lähmenden Schreck ein. Hat er sieben Leute in den Tod geschickt? In die Gefangenschaft? In eine Hölle mit tausend Qualen? Sieben Mann, die besser hier geblieben wären? Acht an einem Tag! Und für was? Für einen einzigen Toten, den man vorhin begraben hat? Für vier weitere tote Russen und drei, die noch heute an die Wand gestellt werden sollen?

Brettschneider wartet noch immer auf etwas. Mit ihm die zurückgekehrten acht Männer, die sich halblaut unterhalten.

»Exekution kann ich durchführen, Herr Oberleutnant«, sagt Brettschneider.

»Gut«, murmelt Müller, »wenn Sie gegessen haben. Ich möchte aber, dass wir die Kerle vorher noch ein bisschen abhorchen.«

»Das können wir gleich machen«, erbietet sich Brettschneider, dreht sich um und ruft seinen Leuten zu: »Haut ab, Jungs – Essen fassen! Hebt mir einen Schlag auf, ich komm gleich nach!«

Die Gruppe Brettschneider zieht ab.

»Kommen Sie, Herr Oberleutnant, quetschen wir die Brüder mal aus. Am besten, wir bugsieren sie zu Gospodin Kokowkin rüber. Vielleicht hilft der uns 'n bisschen beim Verhör.«

Brettschneider scheucht die drei schlotternden Partisanen hoch und kommandiert sie mit heiserem Rufen zum Haus des Dorfnatschalniks hinüber.

Der große Russe geht aufrecht voran, mit sicheren Schritten. Hinterdrein stolpern die anderen beiden.

Am Fenster der Kate tauchen Gesichter auf. Zu Tode erschrockene Mienen. Mit weit aufgerissenen Augen starrt Irina Nikitinowa auf die Herankommenden. Dann wankt sie zurück und sinkt in die Arme der Großmutter.

Die Tür fliegt auf. Herein stolpern die drei Partisanen. Hinter ihnen taucht Feldwebel Brettschneider auf. Mit ihm Oberleutnant Müller.

»Stellt euch an die Wand!«, befiehlt Brettschneider den drei Gefangenen. Brettschneider spricht gut russisch; er hat es mehr aus Spaß gelernt und dann während des Ostfeldzuges noch um einiges verbessert. »Umdrehen!«, schnauzt er, als die drei sich mit

29

den Rücken gegen die Wand lehnen. »Ich will eure fiesen Visagen gar nicht sehen!« Das hat Brettschneider jetzt auf Deutsch gesagt. Die drei Russen kehren ihre verstörten Gesichter der Wand zu und legen die Hände auf den Rücken.

Müllers Blick schweift über die Anwesenden. Der weißhaarige Alte steht steinern am Ofen und starrt zu den dreien hinüber. Die Großmutter hat ihre Arme um Irina geschlungen. Irina weint wild, aber lautlos an der Schulter der alten Frau.

Boris, der großäugige Bursche, steht mit hängenden Armen neben dem geistig zurückgebliebenen Fjodor.

Da macht dieser einen Schritt auf die drei an der Wand Stehenden zu, aber er wird von Boris an der Hand zurückgerissen. Auf dem Ofen schläft das Kind in einem Körbchen.

»Fangen Sie an, Brettschneider«, sagt Müller mit müder Stimme und lehnt sich neben die Tür.

Der Feldwebel wirft sich in die Brust.

»Kennt ihr die da?«, fragt er den alten Kokowkin.

Der schüttelt den Kopf.

»So?« Brettschneider fletscht die starken, weißen Zähne. »Ihr kennt also keinen? Aber ich weiß ganz genau, dass alle da aus diesem Drecknest stammen!«

Irina heult in hohen, gepressten Tönen an der Schulter der Großmutter. Mit weit aufgerissenen Augen starrt Boris auf Brettschneider und hält den zitternden Fjodor an der Hand fest.

Brettschneider fährt in seinem auf Russisch geführten Verhör fort.

»Pan Offizier lässt euch alle erschießen, wenn ihr

mich weiter anlügt. Er will jetzt wissen, wo die anderen Partisanen stecken. Los, macht das Maul auf!«

Schweigen. Die junge Mutter heult immer verzweifelter. Die Großmutter streichelt sie mit zittrigen Handbewegungen.

Müller steht scheinbar gelassen an der Tür und lässt seinen Blick über die Anwesenden wandern.

»Na schön«, grunzt Brettschneider, »ihr wollt nicht. Dann machen wir einfach kurzen Prozess.« Er dreht sich zu Müller um, nimmt etwas wie eine militärische Haltung an und sagt: »Nichts zu machen, Herr Oberleutnant. Ich möchte vor dem Essen gern diese Angelegenheit erledigen.« Er deutet mit dem Daumen über die Schulter hinweg zu den an der Wand stehenden Russen.

»Fragen Sie, ob Truppen im Wald liegen«, sagt Müller mit schläfriger Stimme.

Brettschneider schnauft missmutig und wendet sich den Russen zu, geht zu dem einen hin und reißt ihn an der Schulter herum, fragt ihn etwas.

Der Mann zuckt die Schultern.

Da schlägt Brettschneider zu. Zweimal sehr rasch mit dem Handrücken. Dem Russen purzelt die Fellmütze vom Kopf, und Blut spritzt ihm aus der Nase.

»Gib du Antwort!«, blökt Brettschneider jetzt den großen Blonden an. »Pan Offizier hat fragen lassen, ob Soldaten von euch im Wald liegen.«

Der große Russe zögert. Sein Blick huscht zu der weinenden Frau hinüber, dann zum Ofen hin, wo das Körbchen mit dem Kind steht.

»Gib Antwort, du Bandit!«, ruft Brettschneider und tritt dem Blonden gegen das Schienbein.

31

Der Russe nimmt den Tritt ohne mit der Wimper zu zucken hin. Dann sagt er etwas.

Brettschneider gibt die Antwort an Müller weiter: »Er sagt, dass nur Partisanen im Wald wären und keine Soldaten.«

Müller nickt gedankenvoll. Er denkt an die Gruppe Brand, die noch nicht zurück ist. Dieser Gedanke brennt wie Feuer und bringt das Blut zum Kochen. Soll man diese drei Kerle dort in den Schnee stellen und zusammenschießen?

»Fragen Sie, wie viele Partisanen im Wald sind, und ob wir sie fangen können.«

Brettschneider schneidet eine Grimasse, dreht sich aber zu dem großen Russen um und übersetzt Müllers Frage ins Russische.

»Wir wollen wissen, wie viel Partisanen im Wald sind, und ob du bereit bist, uns in das Nest zu führen.«

Der blonde Russe überlegt.

»Ja, es sind noch Partisanen im Wald, aber ihr könnt sie nicht fangen.«

»Das wollen wir mal sehen, mein Lieber«, ergrimmt sich Brettschneider und gibt an Müller die Auskunft weiter. Dann schlägt er vor: »Umlegen, Herr Oberleutnant, nichts als umlegen. Bloß keine Zeit mit diesem verlausten Gesindel verlieren. Die verarschen uns nach Strich und Faden.«

»Sagen Sie den Kerlen, dass ich sie erschießen lasse, wenn sie uns nicht verraten, wo die anderen stecken.«

Es scheint Brettschneider Freude zu bereiten, den Partisanen das mitzuteilen. Er spricht lange mit ihnen, er fuchtelt dabei mit der MP in der Luft herum. Als er mit seiner Drohung fertig ist, tritt er einen Schritt zurück und legt die MP auf den blonden Russen an und sagt auf Russisch:

»Ich zähle bis drei … eins … zwei …«

Da stürzt Irina hervor und wirft sich dem blonden Riesen an die Brust. Sie schreit und gebärdet sich wie eine Irrsinnige, sie steht wie ein Schild vor dem hoch aufgerichteten Mann; ihre Augen brennen vor Angst und höchster Verzweiflung.

»So ein Affentheater«, sagt Brettschneider zu Müller. »Die Vettel da ist das Weib von dem. Ich hab's mir doch gleich gedacht, dass die Kerle allesamt aus diesem Saunest hier sind.«

Müller antwortet nicht, schaut beklommen auf die Verzweiflungsszene. Die junge Mutter ist auf die Knie niedergesunken und rutscht mit bittend erhobenen Händen heran. Der alte Kokowkin hat ebenfalls die gefalteten Hände erhoben. Und jetzt kommt noch der junge Bursche heran und fällt vor Müller auf die Knie nieder.

»Gnade, Pan Offizier!«, plärren sie alle. Und im Körbchen am Ofen schreit das Kind los, schreit mit hoher, durch Mark und Bein gehender Stimme.

»Zurück, ihr Banausen!«, brüllt Brettschneider und entsichert die MP. »Zurück mit euch … sofort! Alle an die Wand stellen! Die Arme hoch!«

»Pan, Pan …«, wimmert die Russin auf den Knien und versucht, Müllers Beine zu umklammern.

Brettschneider stößt die Frau mit dem Fuß zurück. Dabei fragt er Müller: »Soll ich …?«

»Hören Sie doch endlich damit auf!«, braust Müller los und hebt gebietend die Arme. »Ruhe! Verdammt noch mal – Ruhe!«

Der Lärm verstummt. Nur das Kind plärrt weiter.

»Hört her«, ruft Müller in deutscher Sprache. »Mir fehlen noch sieben Soldaten. Sie sind im Wald. Wenn sie nicht zurückkehren, lasse ich euch alle erschießen! Übersetzen Sie das den Leuten«, befiehlt Müller dem Feldwebel, »und kommen Sie dann raus aus dem Miefloch.«

Oberleutnant Müller hastet aus der Stube. Als er im Freien ankommt, atmet er tief durch. Hinter ihm, drinnen in der Stube, blökt Brettschneider die Übersetzung herunter.

Müller setzt sich in Bewegung. Ihm ist hundeübel. Schweiß steht ihm auf der Stirn.

Plötzlich muss Müller husten. Ein dumpfes Stechen entsteht in der Brust. In den Ohren dröhnt das Blut.

Verdammt, denkt er, was ist denn mit mir los? Sind das die Nerven, oder werde ich krank? Das hätte mir gerade noch gefehlt.

»So«, sagt jemand hinter ihm, »das wäre erledigt, Herr Oberleutnant. Ich bin sicher, dass Brand mit seinen Leuten nicht mehr zurückkommt.«

»Wir … wir warten noch bis morgen früh«, keucht Müller und wischt mit dem Handrücken über die Stirn.

Brettschneider verzieht das Gesicht zu einer halb grinsenden, halb besorgten Grimasse.

»Was ist los mit Ihnen, Herr Oberleutnant?«

»Scheußlicher Husten.«

»Fühlen Sie sich nicht wohl?«

»Haben Sie sich in der Bude da drinnen wohl gefühlt?«

»Nee, beileibe nicht«, grinst Brettschneider. »Ich verstehe auch nicht ganz, warum Sie so nachgiebig waren, Herr Oberleutnant. Diese Säue …«

»Es sind auch Menschen, Brettschneider, vergessen Sie das nicht. Traurig genug, dass der Mensch heutzutage nicht mehr wert ist als eine blaue Bohne.«

Brettschneiders Gesicht spannt sich. »Haben Sie vergessen, warum ich die Kerle gefangen habe? Ich sehe eben, dass dort drüben ein frisches Grab ist. Der Bromberger, wie …?«

»Ja, der Bromberger«, murmelt Müller und will gehen.

»Herr Oberleutnant!«

Müller dreht sich zu Brettschneider um. »Was ist?«

Der Feldwebel kommt auf Müller zu und schaut ihn durchbohrend an. Dann sagt er gepresst:

»Herr Oberleutnant, ich und acht Mann haben heute wieder mal unsere Haut zum Durchlöchern angeboten. Es käme mir komisch vor, wenn Ihnen plötzlich so ein Russenschwein mehr wert ist als ein deutscher Landser …«

»Wie reden Sie mit mir, Brettschneider?«, braust Müller auf und reckt sich.

»Deutsch, Herr Oberleutnant, und ganz offen. Es ist meine Meinung, dass Sie diesen Banditen dort reichlich viel Gnade geschenkt haben.«

Sie messen sich stumm. Dann antwortet Müller sehr ruhig:

»Ich warte noch eine Stunde. Wenn Brand mit seinen Leuten nicht eintrifft, können Sie die drei in den Schnee stellen und erschießen.«

»Das klingt schon besser, Herr Oberleutnant.« Brettschneider grinst zufrieden. »Ich gehe jetzt etwas essen.« Er grüßt und macht kehrt.

In diesem Augenblick ertönt in der Stube des Dorfnatschalniks dumpfes Gemurmel. Es hört sich wie das Beten vieler Menschen an.

Oberleutnant Heinz Müller hat sich in seinem Gefechtsstand aufs Stroh geworfen. Nun liegt er da, mit einer Decke zugedeckt, und horcht in sich hinein. Von innen heraus drängt eine seltsame Hitze. Das Blut rauscht in den Ohren, der Kopf ist heiß.

Mit brennenden Augen starrt Müller in das ruhig schwelende Licht einer Kerze. In der gegenüberliegenden Ecke sitzt der Funker Scholz und reinigt seine MP. Ihm gegenüber hockt Pfriemelt vor dem Funkgerät und geht auf Empfang. Die 30 Minuten sind um, und gleich wird sich das Bataillon melden.

Ich werde krank, denkt Müller und schließt die brennenden Augen. Ich spür's ganz deutlich, dass etwas mit mir los ist. Grippe vielleicht.

»Scholz!«

»Herr Oberleutnant?« Scholz schaut herüber.

»Laufen Sie doch mal zum Sani, und lassen Sie sich 'n paar Chininpillen geben.«

»Ist Ihnen nicht wohl, Herr Oberleutnant?«

»Ich weiß nicht recht, Scholz – so komisch ist mir … Ich glaube, ich habe 'n bisschen Fieber.«

Scholz legt dem Oberleutnant die Hand auf die Stirn.

»Tatsächlich … Fieber«, murmelt Scholz. »Und nicht zu knapp. Ich werde Ihnen den Sani herschicken.«

»Ich bitte darum«, sagt Müller mit geschlossenen Augen.

Der Funker setzt den Stahlhelm auf und verlässt die eiskalte, trüb erleuchtete Sakristei.

»Pfriemelt«, murmelt Müller, »drehen Sie doch den Benzinofen mehr auf.«

»Jawoll, Herr Oberleutnant«, ertönt es vom Funkgerät her, doch kann Pfriemelt den Befehl nicht ausführen, weil in diesem Augenblick das Bataillon sich meldet.

»Hier Edelweiß, hier Edelweiß. Wir hören«, sagt Pfriemelt und winkt seinen Chef an das Gerät.

Müller fällt das Aufstehen schwer. Eine Hitzewelle rast ihm über die Haut, unmittelbar darauf ein Kälteschauer. Zähneklappernd nimmt Müller den Kopfhörer, setzt ihn auf und hebt das Mikrofon an den Mund.

»Hier Edelweiß. Müller. Ich höre.«

Die Stimme des Majors ertönt im Apparat:

»Sind Ihre Gruppen schon zurück, Edelweiß?«

Pfriemelt schaltet auf einen Augenwink Müllers hin auf Senden um, und Müller sagt mit heiserer Stimme:

»Eine Gruppe vollzählig zurück. Drei Partisanen. Die andere Gruppe ist noch nicht da. Sonst nichts Neues. Bitte kommen.«

Der Schaltknopf knackt.

»Haben Sie aus den Kerlen etwas herausgebracht, was uns dienlich sein könnte?«

»Nein, nichts. Es müssen noch mehr Partisanen im Waldgebiet vermutet werden. Vier sind bei der Gefangennahme erschossen worden. Bitte kommen.«

Die Stimme des Majors klingt scharf und aufgebracht:

»Lassen Sie die Kerle sofort erschießen, Edelweiß. Ich erwarte die Vollzugsmeldung beim nächsten Anruf in 30 Minuten. Sorgen Sie für höchste Wachsamkeit. Unsere Vorposten haben eindeutig Feindbewegungen festgestellt. – Ende.«

Müller reicht dem Funker den Kopfhörer und das Mikrofon zurück.

Die Kerze brennt ruhig. Die bläuliche Gasflamme im Benzinofen zischt leise.

Müller kriecht auf seinen Platz zurück und zieht die Decke über sich. Sein Blick steigt zu dem kleinen Fenster empor, in dem ein tiefblaues Licht liegt: der Abendhimmel über Russland.

»Wo bleibt Brand mit seinen Leuten?«, geht es Müller durch den Sinn. »Sind alle tot, oder haben sie sich nur verlaufen? ... Verdammt, ich habe wirklich Fieber. Ich glühe ja beinahe ... und mein Puls ist ziemlich lebendig ... Was passiert, wenn ich wirklich krank werde? – Na ja, dann bringt man mich fort. Ich komme von diesem Haufen los, ich liege irgendwo im Hinterland und ... Nein, bloß das nicht! Es ist nur eine vorübergehende Erkältung. Wenn ich ein paar Chininpillen schlucke, wenn ich ein paar Stunden ganz ruhig liegen bleibe, bin ich wieder beisammen! Wo bleibt nur der Scholz mit den Pillen?«

Müller liegt mit geschlossenen Augen da. Er hört

nur noch wie aus weiter Ferne, dass jemand in die Sakristei kommt.

»Scholz, sind Sie 's?«

Da schnarrt eine bekannte Stimme:

»Unteroffizier Brand mit sechs Mann von Erkundungsgang zurück.«

Müller bringt mit Mühe die Lider hoch, blinzelt in die matte Helle und sieht eine Gestalt vor sich.

»Brand … sind Sie 's wirklich?«

Der Unteroffizier beugt sich über den Kompaniechef. »Jawohl, Herr Oberleutnant. Alles wieder beim Haufen versammelt. Wir hatten uns verlaufen und hatten alle Mühe, wieder zurückzufinden.«

»Etwas … etwas festgestellt, Brand?«

»Nur Skispuren, die in östliche Richtung verliefen. Wir konnten sie nicht weiter verfolgen, weil es duster wurde. Ich hörte schon, dass Feldwebel Brettschneider mehr Erfolg gehabt hat als wir.«

»Ja, vier erschossen, drei gefangen, Brand. Macht nichts, dass Sie nichts ausgerichtet haben. Haben die Männer noch was … was Warmes vom Schmutt gekriegt?«

»Sind eben dabei, die Bäuche anzuwärmen, Herr Oberleutnant.« Brand, der Unteroffizier aus Stuttgart, kniet jetzt neben dem Kompaniechef und schaut besorgt auf ihn nieder. »Sie gefallen mir aber gar nicht, Herr Oberleutnant! Sie fiebern ja. Und wie!«

»Geht alles vorüber, Brand … alles«, lallt Müller.

Scholz kommt herein, mit ihm der Sanitätsobergefreite Helmut Regele. Regele ist Berliner, ein kesser Junge, den nichts aus der Ruhe bringt. Er sieht gleich auf den ersten Blick, dass der Alte ziemlich knieweich geworden ist.

»Na, wo haben wir denn det Wehwehchen, ha?«, beginnt er seine Untersuchung und legt erst einmal die Handfläche auf Müllers Stirn. »Ts, ts, ts!«, macht Regele, »Herr Oberleutnant muss ins Bettchen. Ganz hübsch Fieber, und 'n Schwitzerchen stellt sich ooch schon ein, ts, ts, ts …«

Müller lächelt schlaff. »Regele, Sie Biene, machen Sie mich bloß auf der Stelle gesund, sonst hau ich Ihnen den Kopf ab.«

»Nich so wild mit die jungen Pferde, Herr Oberleutnant.« Regele hat schon die Pillenschachtel in der Hand. »Ick bin nich der liebe Jott, aber ick will mir redliche Mühe jeben, den Herrn Oberleutnant … Mäulchen bitte weit auf!«

Müller sperrt den Mund auf, Regele wirft ihm drei Pillen hinein, schwenkt die Feldflasche herum und setzt sie Müller an die Lippen: »Trinken … bitte! Zwei Schluck nur! Tee – ohne. Der Schmutt aber braut schon een anständigen Trunk zusammen.«

Müller sinkt zurück. »Danke, Regele.«

»Jerne geschehen, Herr Oberleutnant. Und nu schön artig liejen bleiben.« Regele versteht etwas von Krankheiten. Hat er doch dem gefallenen Unterarzt bei vielen Behandlungsstunden assistiert. Regele ahnt auch bereits, was dem Kompaniechef fehlt; seine im Geheimen aufgestellte Diagnose lautet Lungenentzündung, wenn nicht sogar Übleres: Pleuritis. Das wäre faul!

Die Soldaten tauschen Blicke untereinander. Scholz bohrt nachdenklich in der Nase und kügelt

40

das Ergebnis seiner Tätigkeit zwischen den Fingern. Pfriemelt hat die Kerze in die Hand genommen und leuchtet Regele beim Betasten und Abhorchen der Brust des Oberleutnants, die Regele erst von Mantel, Uniform und Hemd frei machen musste.

Dann horcht er den Kranken ab.

»Husten …«

Müller hustet.

»Noch mal, wenn ick bitten darf!«

Müller hustet ein zweites, ein drittes Mal. Regeles sommersprossiges Stupsnasengesicht legt sich in besorgte Falten. Er knöpft Müller das Hemd, die Uniform, den Mantel zu, zieht ihm die Decke bis zum Kinn hinauf und winkt Scholz nach einer weiteren.

»Janz scheen, janz scheen!«, grunzt Regele.

»Was heißt das?«, fragt Müller.

»Det heißt, dass der Herr Oberleutnant 'ne janz schöne Lungenentzündung hab'n.«

»Sie sind verrückt, Regele?«

»Nee, ick bin sicher«, verbessert der Sani und steht auf. »Nu schlafen Se man erst, Herr Oberleutnant. Ick werde dem Schmutt sagen, dass er wat Durchreißerisches braut, 'n heißen Wodka und Kamillentee. Mehr Wodka als Tee, vasteht sich.«

Müller hört Regeles Stimme wie aus weiter Ferne. Ein bleiernes Schlafbedürfnis hat sich plötzlich eingestellt. Seine Gedanken aber kreisen noch immer: Ich darf nicht krank werden. Morgen ist alles vorüber … die Pillen werden helfen … der heiße Wodka …

Es kommt ihm vor, als seien nur Augenblicke verstrichen, bis ihm etwas Heißes an die Lippen gesetzt wird.

41

»Trinken Se, Herr Oberleutnant«, sagt Regeles Stimme.

Müller sieht ihn wie durch einen Nebelschleier.

Der Trunk ist von betäubender Wirkung. Schon im langsamen Zurücksinken schwinden Müllers Sinne. Ein tiefer Schlaf kommt über ihn, in dem sich alles verwischt.

Oberleutnant Müller hört nicht das gegen Mitternacht einsetzende Granatwerferfeuer auf die rechts flankierende dritte Nachbarkompanie. Er schläft auch noch, als sich fernes Maschinengewehrfeuer erhebt.

Nur vor dem Dorf Charkowka bleibt alles still. Ganz von selbst hat Feldwebel Brettschneider die Befehlsgewalt über die Vierte übernommen; er ist ja der Dienstälteste, nach dem Kompaniechef sogar der Ranghöchste.

Kein Mann schläft. Alle liegen in klirrender Kälte auf Posten und in höchster Gefechtsbereitschaft.

»Dammich, wenn der Alte krank wird, dann kann's ihm passieren, dass sie ihn zurückbringen.«

Täubler hat es gesagt. Er liegt, mit Brunkow zusammen, vor dem zugigen Mauerloch, in dem am Nachmittag Bromberger den Schuss empfing.

»Der Regele wird 'n schon hochkriegen, der ist ja 'n halber Doktor«, meint Brunkow.

Dann lauschen sie in die mondhelle Nacht hinaus. Der Wald gegenüber steht still. Keine Bewegung. Am rechten Flügel wird noch immer geschossen. Die Einschläge schwerer Granatwerfer ballern hohl und in rascher Folge.

»Dass sich bei uns nischt rührt«, wundert Täubler

sich und schaut durch das Glas zum Waldrand hinüber. »Kommt vielleicht noch, Franz.«

»Bis jetzt ist nischt zu sehen.«

»Gib mir mal das Glas.«

Jetzt schaut auch Brunkow zum Waldrand hinüber. Auch er kann keine verdächtige Bewegung ausmachen.

In jedem Haus wachen die Männer der vierten Kompanie. Feldwebel Brettschneider geht von Stellung zu Stellung und ermahnt die Leute, auf dem Posten zu sein und jede Bewegung drüben am Waldrand zu melden.

Man friert scheußlich. Mindestens 30 unter Null muss das Thermometer anzeigen. Die Atemluft steht wie eine weiße Fahne vor den Mündern. Die Kälte kriecht bis ins Herz hinein.

Brettschneider geht mit knirschenden Schritten auf das Haus des alten Kokowkin zu. Vor dem schwarzen Fensterloch bleibt er horchend stehen.

Kein Laut dringt aus der Russenstube. Und doch sind Menschen drinnen, drücken sich wie verängstigte Schafe zusammen und warten auf irgendetwas.

Brettschneider überlegt: Da wäre noch die Sache wegen Bromberger zu bereinigen. Wer hindert ihn daran, jetzt das zu tun, was er vor jedem Vorgesetzten verantworten könnte? Dort drinnen in der warmen Stube nisten die Banditen. Sitzen um den Ofen herum und besprechen vielleicht leise die nächste Schweinerei. Indessen frieren die Kameraden im Schnee, frieren sich die Knochen kaputt, werden morgen wieder heimtückisch beschossen. Und da drinnen hocken die verdammten Hunde und wärmen sich den Arsch!

Es kocht in Brettschneider. Nicht zuletzt auch deshalb, weil er vorhin beim Schmutt war und sich von der Wodka-Kamillen-Portion selbst ein halbes Kochgeschirr voll in den Magen gegossen hat.

Brettschneider nimmt die MP in die Hand, nestelt die Taschenlampe von der Brust und geht in die Russenhütte.

Polternd fliegt die Stubentür nach innen. Der unverhüllte Strahl der Dienstlampe sticht in das Dunkel hinein, erfasst ein seltsames Bild: Irina. Sie stillt das Kind. Schneeweiß leuchtet die Brust im grellen Lichtstrahl.

Erschrocken legt die Mutter den Arm vor die Augen und ruft: »Bosche moje …!«

Brettschneider leuchtet weiter. Neben Irina sitzt Iwan Nikitin und blinzelt geblendet ins Licht. Vom Boden erheben sich zwei Köpfe. Fjodor und Boris. Ihre weit aufgerissenen Augen glänzen angstvoll. Neben den beiden Burschen liegen schlafend und schnarchend zwei der Partisanen, die heute gefangen wurden.

Jetzt erfasst Brettschneiders Taschenlampenlicht den Alten auf dem Ofen. Auch die Großmutter hat sich dort oben verkrochen und richtet sich auf.

Der Lichtstrahl saust zu Irina zurück. Aber Brettschneider sieht keine weiß schimmernde Frauenbrust mehr. Das enttäuscht ihn, das macht ihn wütend.

»He, ihr Pestbeulen! Erhebt euch!« Brettschneiders Stimme klingt scharf wie ein Peitschenhieb durch die Luft.

In der Stube beginnt es zu wimmeln. Das Kind quäkt in den Armen seiner Mutter.

44

»Was sollen wir, Pan?«, fragt Towarisch Kokow-kin und tastet sich lahm vom Ofen herunter.

»Ihr habt noch etwas gutzumachen«, schnarrt Brettschneider. »Oder denkt ihr etwa, wir hätten es vergessen, dass ihr uns heute einen braven Mann umgelegt habt, he?«

»Nicht wir, Pan, nicht wir …«, stammelt der Alte und ahnt wieder Schreckliches.

Hinter dem Lichtkegel steht etwas Ungeheuerli-ches, steht ein gnadenloser Richter und bereiter Voll-strecker.

»Zähle du drei Mann heraus«, sagt die Stimme hinter dem Licht. »Drei Mann, die jetzt erschossen werden.«

Der Alte hebt flehend die Hände, doch die Stim-me hinter dem Lichtkegel peitscht die Bewegung nieder: »Drei Mann, Gospodin Kokowkin, oder ich lasse deine ganze Familie im Schnee antreten!«

»Ihr tut Unrecht, Pan«, stottert Towarisch Ko-kowkin. »Ihr habt ja schon vier Mann bestraft … Sie liegen im Wald.«

»Schluss jetzt!«, brüllt Brettschneider. »Zähle drei Mann ab, sonst mach ich es!«

Unbarmherzig sticht der Lichtkegel auf den Alten zu und erfasst auch die anderen. Leichenblasse Angst-gesichter starren in die Helle, zuckende Mienen.

Was bleibt dem alten Kokowkin anderes übrig, als sich gebrochen umzudrehen und die beiden inzwi-schen aufgewachten Partisanen anzusprechen; er tut es mit halblauter, zittriger Stimme:

»Mark, Petr, steht auf. Ihr werdet jetzt bestraft, weil ihr Partisanen wart.«

»Auch ich war einer«, meldet sich eine feste Stimme, und Brettschneider lässt den Lichtstrahl auf den blonden Russen zucken. Iwan Nikitin stellt sich neben die zwei entgeistert starrenden Gestalten. »Ich gehe mit, Brüder ... ich ...«

»Njet!«, schreit eine grelle Frauenstimme aus dem Dunkel. »Njet!«

Irina will auf ihren Mann zustürzen, aber der alte Kokowkin verstellt ihr mit ausgebreiteten Armen den Weg. »Sei still, Irina.«

»Hilf, Großvater, hilf!«, jammert die Frau und sinkt vor dem Alten in die Knie. »Iwan ist der Vater meines Kindes ... ist mein Mann.«

»Ich weiß, ich weiß«, sagt der Alte.

»Seid ihr euch bald einig?«, fragt die Stimme hinter dem Licht. »Beeile dich, Gospodin Kokowkin!«

Die beiden Partisanen neben Iwan Nikitin haben die Arme vor die Augen gehoben und schluchzen verzweifelt.

Iwan Nikitin steht wie ein Fels zwischen den beiden und wartet mit unbewegter Miene auf das Weitere.

Da richtet sich der gebeugte Alte auf und geht auf den verständnislos starrenden Fjodor zu; er streichelt ihm über das flaumbärtige, spitze Gesicht, er nimmt seinen Kopf in beide Hände und küsst ihn auf Stirn und Wange.

»Geh, mein Sohn, geh und opfere dich für den Vater eines ungetauften Kindes.«

Fjodor grinst – und nickt. Er weiß nicht, was mit ihm geschehen soll, er freut sich nur über die drei schmatzenden Küsse.

Die Frauen wimmern verzweifelt, sie brechen in jammernde Klagelaute aus, als der alte Kokowkin Fjodor an der Hand nimmt und ihn zu den anderen Delinquenten hinführt.

»Nehmt ihn mit, Mark, Petr, kniet nieder, meine Söhne, lasst euch segnen.«

Brettschneider rührt sich nicht. Unbarmherzig hält er die makabre Szene einer letzten Segnung mit dem Lichtstrahl fest. Nichts rührt sich in dem Feldwebel, als der alte Kokowkin seine Hände erst auf Marks, dann auf Petrs und zuletzt auf Fjodors Haupt legt und ein paar unverständliche Worte murmelt.

»Nehmt sie fort, Pan«, sagt der Alte dann und wendet sich ab.

Die Frauen schreien verzweifelt auf. Der große Blonde steht da und legt eine Hand über die Augen, senkt das Kinn auf die Brust. In der äußersten Ecke hockt Boris und verbirgt das Gesicht in den Händen.

»Vorwärts, ihr Banditen!« Brettschneider tritt den Ersten zur Tür hinaus, dann den Zweiten. Fjodor kichert, als er am Kragen gepackt und hinausgestoßen wird.

Brettschneider geht hinter den wankenden Gestalten her. Mit leisem Knacken legt sich der Sicherungsflügel der MP um. Brettschneider hält sie schussbereit.

Da taucht eine Gestalt aus einem der Häuser auf. Regele ist es, der noch einmal nach dem Oberleutnant schauen will.

»Du jrüne Neune, wat is dat denn?«, murmelt er, als er Brettschneiders rohes Kommandieren hört, die drei vorantorkelnden Gestalten der Russen erkennt.

Regele setzt sich in Trab und erreicht Brettschneider, als dieser eben dabei ist, die drei Russen dicht
nebeneinander hinzustellen.

»He, wenn ick mir nich täusche, dann soll hier wat
passieren«, sagt Regele zu Brettschneider.

»Hau ab, Quacksalber«, knurrt Brettschneider
und will den Sanitäter zur Seite schieben.

»Nu hören Se mal, Feldwebel … 'n Augenblick-
chen nur.« Regele packt Brettschneiders Oberarm.
»Mir jefällt dat jar nicht, wat Se hier machen wollen.«

»Halt den Rand, Regele, und kümmer dich um
deinen Dreck. Die drei Kerle da sind schon heute
Nachmittag fällig gewesen.«

»Weeß ick, Herr Feldwebel, awa ick meine, dat is
'ne Anjelegenheit, die der Alte zu regeln hat, und
nich Sie!«

»Du sollst den Rand halten!«, brüllt Brettschneider. »Noch ein Wort, und ich knall dir eine vor den
Latz!«

Regele duckt sich. Mit Brettschneider ist nicht zu
spaßen. Der ist ja besoffen, stinkt hundert Meter gegen den Wind nach Wodka. Was hier passiert, ist, ge-
linde gesagt, eine Schweinerei.

»Warten Sie bis zum Morjen, Feldwebel«, versucht Regele es noch einmal. »Der Chef wird's Ihnen
übel nehmen, wenn Se ihm in eener dienstlichen Anjelegenheit vorjreifen.«

»Jetzt reicht es mir aber!«, röhrt Brettschneider.
»Kehrt – marsch, marsch – und weg mit dir! Bist du
noch nicht weg?«

Regele hält es für richtig, eine Kehrtwendung zu
machen und sich eilig in Trab zu setzen. Dieser

48

Brettschneider ist ein Vieh. Es ist wirklich besser, vor ihm einen Bogen zu machen – besonders, wenn er gesoffen hat.

Keine Macht der Welt kann das Schicksal der drei Russen abwenden. Mit heiseren Rufen werden sie zum Dorfausgang getrieben und in Richtung auf den Wald davongejagt.

Brettschneider ist in den Schneegraben des ersten Zuges gesprungen. Der MG-Schütze eins bekommt den Befehl, die Waffe klar zu machen. Mit verkniffenen Gesichtern stehen die anderen in der Kälte. Zwei der Männer schauen weg, als der MG-Schütze eins die drei im Schnee watenden Punkte anvisiert.

»Feuer – frei!«

Drei … vier kurze Feuerstöße rasseln los. Die dunklen Punkte im Schnee schrumpfen zusammen und bleiben liegen.

Feldwebel Brettschneider zieht den rechten Fäustling aus und streicht sich mit der Hand über die Augen. Dann murmelt er ein zufriedenes »So«.

Das Schießen am rechten Frontflügel ist verstummt. Die Nacht ist mondhell. Die Kälte macht die Männer stumm. Keiner schaut mehr zum Waldrand hinüber, wo die drei dunklen Punkte im Schnee liegen.

Wodka und Chinin haben Müllers Zustand gebessert. Er hat die Nacht hindurch tief und fest geschlafen. Er weiß nichts von dem, was sich zugetragen hat. Regele hielt es für richtig, dem Kompaniechef den Vorfall zu erzählen. Das ist eben geschehen.

Müllers Miene ist beherrscht. Langsam wirft er die

vier Decken ab, die man über ihn geworfen hat, und steht auf. Er schwankt noch, taumelt zurück und muss Regeles Unterstützung annehmen, um sich vom zusammengelegenen Stroh erheben zu können.

Der Funker Scholz meldet ihm, dass in der vergangenen Nacht zwei Angriffe der Sowjets vor den Linien des Bataillons abgeschlagen wurden.

»Bei uns war nichts los, Herr Oberleutnant«, sagt Scholz dann noch und schaut weg.

»Bis uff die drei erschossenen Russen«, fügt Regele hinzu.

Müllers Gesicht ist von der kaum überstandenen Fieberstrapaze gezeichnet; es wirkt grau und verfallen. Die Augen haben einen matten Glanz. In der Brust ist noch immer dasselbe dumpfe Stechen, das jeden Atemzug zu einer Anstrengung macht. Aber Müller kann jetzt nicht mehr liegen bleiben. Regeles ermahnende Vorschläge, wenigstens einen Ruhetag einzulegen, wehrt er mit einem Wink ab.

Kurz bevor Müller den Gefechtsstand verlässt, verlangt der Bataillonschef ihn zu sprechen. Wie es Müller ginge, wird angefragt. Gut, sagt Müller, obwohl ihm Funken vor den Augen herumfliegen. Die Vierte soll weiterhin erhöhte Wachsamkeit halten, heißt es dann noch. Auch sei zur Kenntnis genommen worden, dass die drei Partisanen erschossen wurden.

»Rechnen Sie damit, dass Sie heute angegriffen werden«, sagt der Major von drüben. »Halten Sie ständig Verbindung mit uns, und sichern Sie mit allergrößter Umsicht den für uns sehr wichtigen linken Flügel ab.«

Das Gespräch mit dem Bataillonsgefechtsstand ist zu Ende. Müller duldet es noch, dass Regele ihm einen dicken Schal um den hochgeklappten Mantelkragen würgt.

»Und nich mit offenem Mund atmen, Herr Oberleutnant … durch die Neese!«

Müller tritt ins Freie. Der Himmel ist mit einer geschlossenen Wolkendecke verhangen; es ist auch nicht mehr so kalt. Die Dorfstraße ist leer.

Vor Müllers Augen ist alles in Bewegung. Ein fiebriges Flimmern ist es. In den Ohren liegt ein dumpfes Brausen. Das Chinin hält das noch im Blut kurvende Fieber nieder. Müller fühlt sich hundeelend.

Er geht die Dorfstraße entlang. Als er am Haus des Dorfnatschalniks vorbeikommt, hört er ein dumpfes Gemurmel, aus dem sich leises Schluchzen und Jammern erhebt.

Ich darf dem Brettschneider keine Vorhaltungen machen, denkt Müller, als er weitergeht. Aber ich kann ihn anpfeifen, weil er sich eine Handlung angemaßt hat, die ich – und nur ich – durch einen ausdrücklichen Befehl auslösen konnte. Ich habe aber noch keinen Befehl zum Erschießen gegeben. Brettschneider hat mir da vorgegriffen! Ich werde ihm eine Anständige verpassen! Ich werde ihm mal die Meinung geigen! Was sich dieser Kerl bloß einbildet …!

Die Kochstelle für die vierte Kompanie ist in einem verlassenen Bauernhaus am Südende des Dorfes untergebracht. Hier waltet Heinrich Schmudler, genannt »Schmutt«, seines verantwortungsvollen Amtes. Schlechthin ist Schmutt ein Genie. Wenn keiner mehr weiß, wo ein verstörtes Huhn sich hingerettet hat – Schmutt findet es irgendwo; er findet auch mit geradezu übernatürlicher Sicherheit verborgene Kartoffelvorräte oder sorgfältig versteckte Schmalztöpfe. In zwei großen Kochtöpfen dampft jeden Tag irgendeine Überraschung, die sich den Geschmacksnerven als Freude mitteilt. Auch heute hat Schmutt aus einem Zopf Zwiebeln und einigen Büchsen Dörrgemüse sowie ein paar Pfund Konservenfleisch eine appetitlich duftende Fresserei produziert, deren Geruch mit dem heranstreichenden Wind durch die Dorfstraße getragen wird.

Brettschneider steht neben dem primitiven Kochherd und nimmt eine Kostprobe aus dem brodelnden Topf.

»Heiß ... hm ... hm ... Ausgezeichnet! Was ist das, Schmutt?«

Schmutts breites, schweißglänzendes Gesicht, in dem ein kohlschwarzer struppiger Bart gedeiht, zieht sich noch mehr in die Breite.

»Potage de poisson à la Russe.«

»Schmeckt prima.« Brettschneider leckt den Zinnlöffel ab. »Du bist ein Urvieh, Schmutt. Mit dieser Potage kannst du dich sogar beim General sehen lassen.«

Schmutt schnäuzt sich mit den Fingern zur Seite weg, wischt aber die Finger dann an der schmutzigen Schürze ab.

»Bloß mit dem Fisch, da hatte ich meine Sorgen. 'ne Büchse Rollmöpse hab ich noch aufgestöbert. Schmeckt doch ganz ordentlich, wie?«

52

»Rollmöpse sind in dem Fraß?«

»Statt Karpfen, Feldwebel. Wo soll ich Karpfen hernehmen für die Potage de poisson à la Russe?«

»Rollmöpse in der Suppe …« Brettschneider schüttelt den Kopf und nimmt noch eine Kostprobe aus dem Topf.

Da betritt Oberleutnant Müller die verdampfte Stube. Schmutt sieht ihn als Erster und macht ein lasches Männchen, verbunden mit der Meldung:

»Obergefreiter Schmutt beim Mittagessenkochen.«

Brettschneider lässt den Löffel sinken, grüßt und verzieht das feiste Gesicht zu einem verlegenen Grinsen.

»Wie geht es Ihnen, Herr Oberleutnant?«

»Danke der Nachfrage, Brettschneider.« Müller schaut in die brodelnden Töpfe. Er will es sich nicht anmerken lassen, dass er sich hundsmiserabel fühlt. Der Kochdunst erzeugt ein Schwindelgefühl. Das Gesicht beginnt zu glühen.

»In einer halben Stunde kann Essen gefasst werden«, sagt Schmutt.

Müller nickt und wendet sich Brettschneider zu: »Ich möchte mit Ihnen etwas besprechen. Kommen Sie hinaus, Brettschneider.«

Vor der Haustür bleibt Müller stehen und versucht, tief durchzuatmen. Das dumpfe Stechen macht sich wieder bemerkbar.

Brettschneider steht hinter Müller. Das Grinsen ist aus dem feisten Gesicht verschwunden. Er weiß, dass er jetzt eine dicke Zigarre verpasst bekommen wird.

Da dreht sich Müller um.

»Wer hat Ihnen den Befehl gegeben, die Russen umzulegen?«

»Sie selbst, Herr Oberleutnant.«

»Ich kann mich nicht erinnern.«

»Sie sind krank, Herr Oberleutnant. Sie hatten wahrscheinlich schon gestern Abend Fieber. Sie sagten, dass die Kerle erschossen werden sollen. Der Herr Major hat anfragen lassen, ob die Exekution schon durchgeführt ist. Das war noch nicht der Fall. Da habe ich, in Vertretung von Ihnen, Herr Oberleutnant, die Erschießung vornehmen lassen. Oder …« Brettschneider verzieht das seit Wochen nicht mehr rasierte, von einer rostroten Stoppellandschaft bedeckte Gesicht zu einer Grimasse, »oder wollen Sie mir jetzt Vorwürfe machen, weil ich diese drei Schweine auf die Weise bestraft habe, die für sie die richtige war?«

»Ich habe den Eindruck gewonnen, dass Sie über meinen Kopf hinweg gehandelt haben, Feldwebel Brettschneider!« Müllers Stimme hat an Schärfe zugenommen, obwohl ihm das Reden schwer fällt.

In Brettschneiders Miene arbeiten Zorn und Verlegenheit, ja sogar eine Spur Unsicherheit lässt sich ablesen.

»Ich wusste doch nicht, dass Sie heut schon wieder hoch sein würden, Herr Oberleutnant … gesund, wollte ich sagen. Sie lagen wie ein Toter da … Sie schauen auch jetzt noch zum Umfallen aus, wenn ich mir diese Feststellung erlauben darf.«

Müller winkt unwirsch ab. »Es geht mir besser.« Und jetzt pfeift er Brettschneider an: »Feldwebel Brettschneider! Wir befinden uns zwar im Feindesland, aber das soll noch lange kein Freibrief für sadistische Auswüchse bedeuten! Ich habe hier zu befehlen! Ich allein nur bin berechtigt, standrechtliche Erschießungen vornehmen zu lassen, wenn ich es für richtig halte! Sie hatten keinen Befehl dazu! Ich werde diesen Übergriff dem Kommandeur melden!«

Brettschneider zieht die Unterlippe zwischen die Zähne. Dann lässt er sie los und sagt in merkwürdig lauerndem Tone:

»Mich melden? Weil ich ein paar Partisanen erschießen ließ? Der Befehl dazu war doch da!«

»Aber nicht für einen Portepeeträger, sondern für den Oberleutnant und Kompaniechef. Und das bin noch immer ich, Feldwebel Brettschneider!«

Ein paar Soldaten, die nach dem Mittagessen anfragen wollen, tauchen auf, verziehen sich aber schleunigst, als sie die beiden vor der Haustür sehen. Müllers Stimme schreit jetzt:

»Merken Sie sich das für das nächste Mal, Herr Feldwebel, und führen Sie erst dann etwas aus, wenn Sie dazu den ausdrücklichen Befehl erhalten haben!«

Müller macht kehrt und will gehen.

Plötzlich ertönt hinter ihm her die scheinbar lässig ausgesprochene Frage: »Herr Oberleutnant, sind wir Frontsoldaten oder Heilsarmeefiguren?«

Müller dreht sich langsam um. Er ist blass bis in die Lippen. Seine Augen brennen.

»Ich habe Sie wohl nicht richtig verstanden, Feldwebel Brettschneider?«, sagt er tonlos.

»Doch«, grinst Brettschneider, »Sie haben es schon. Ich halte mich noch immer für einen Frontsoldaten, Herr Oberleutnant, und deshalb hat es mir auch nicht die Bohne Leid getan, als ich die drei Russenschweine zusammenknallen ließ. Wenn Sie mich deswegen also melden wollen – bitte, wie Sie wollen!«

Müller will etwas sagen, aber er bringt kein Wort heraus. Brettschneider hat ihm einen Tiefschlag versetzt, hat etwas ausgesprochen, womit Müller schon seit vielen Monaten einen inneren Kampf durchsteht.

Brettschneider grinst und wartet ... wartet auf eine Antwort, nach der er seinen Kompaniechef endgültig beurteilen kann.

Da sagt Müller mit heiserer Stimme: »Brettschneider, ich gebe mir immer Mühe, neben meinem Offiziersrang und meiner Eigenschaft als langjähriger Frontsoldat, auch Mensch zu sein! Mensch, Herr Feldwebel!«, ruft Müller. »Ich empfehle Ihnen, über diesen Grundsatz gelegentlich mal nachzudenken. Eine Antwort brauchen Sie mir nicht zu geben.«

Oberleutnant Müller wendet sich ab, geht mit unsicheren Schritten die Dorfstraße entlang. Alles in ihm ist in matter Erregung. Die Augen brennen fiebrig. Durst schnürt die Kehle zusammen ... Durst und das Gefühl, als sei er eine umklammernde Faust losgeworden.

Die im Schnee hockenden Häuser bewegen sich, neigen sich einander zu, und ein dünner Nebel sinkt über alles herab. Aber es ist kein Nebel. Es hat begonnen zu schneien. Winzige Schneekristalle sind es, die von einem immer stärker werdenden Wind herangetrieben werden.

Leningrad soll eingekreist werden. Alle übrigen Kampfhandlungen an den Fronten sind erstarrt. Leibhoch deckt der Schnee die Felder. Am Ostrand der Dörfer, in den weiten, schier unendlichen Schneeflächen des Ostens, in den riesigen Wäldern, auf den Hügeln und Bergkuppen hocken die deutschen Soldaten in ihren Schützenlöchern, in ihren Schneemauern, über die der Schneesturm weiße Wolken fegt. Man schaufelt, man gräbt, man watet, man friert und wacht.

Die wilden Kampftage sind vorüber – jene Tage, in denen der Gegner seine Menschenmassen hervorquellen und zusammenschießen ließ. In breiter Front, untergehakt, so stürmten sie auf die deutschen Stellungen los, so brüllten sie ihr Hurrä, so fielen sie in dichten Haufen in den Schnee, starben, erfroren und liegen jetzt noch unter den weißen Massen.

Jetzt ist der Winter der grimmigste Feind geworden.

Der Kampf ist erstarrt unter dem eisigen Hauch des Ostwindes. Die Gegner liegen sich oft nur auf Rufweite gegenüber und warten – warten auf das Abklingen des krachenden Frostes, warten auf die neue Siegeschance.

Da und dort tasten russische Stoßtrupps die deutschen Frontlinien ab. Schwache Stellen sollen erkundet werden, Nahtstellen in der gähnenden Weite dieses Landes, wo Millionen Menschen sich zu Einzelnen verlaufen können, wie Stecknadeln im Heu.

Das III. Gebirgsjägerbataillon liegt weit im Norden oben. Die Kompanien verlieren sich in diesen

57

Weiten. Dünn sind die vielen Kilometer nur besetzt, mit Männern, die oft nicht wissen, wo die Nachbarkompanie liegt. Nur eines wissen sie: Sie sind allein. Im Rücken liegt das Land der tausend Seen, Finnland. Vor ihnen Russland, das unheimlich große, weiße, scheinbar leere Reich des Dschingis Khan.

Unter dem bleigrauen Himmel hätte ein schwaches Herz verzagen, mutlos werden können. Angesichts dieser weißen Wüste könnte jede Hoffnung auf eine Heimkehr zusammenschrumpfen. Einsame Skispuren verlieren sich im schweigenden Land. Die Wege sind nicht mehr erkenntlich; man fährt mit dem Schlitten zu den Stellungen und lädt dort das Notwendigste zum Leben und das Wichtigste für den Krieg, die Munition, ab. Man nimmt jede Gabe mit Freude entgegen. Ein Brief kann mehr bedeuten als eine Zervelatwurst von einem Meter Länge.

Aber Briefe kommen nur langsam heran. Oft gar nicht. Weit im Hinterland lauern Partisanen und wissen genau, wann und wo ein Panjeschlitten loszockelt und wie er am besten abzufangen ist. Viele sterben ohne großen Kampflärm. Hunderte, Tausende liegen schon im Schnee, mit erstarrten Leibern, konserviert bis zum nächsten Frühling, um dann als Modermasse gefunden zu werden oder auch nicht.

Ein grauer, müder Himmel hängt über dem Dorf Charkowka. Die hohen Schneewände, die sich neben den wenigen Häusern wölben, verraten kein Leben.

Noch stehen diese paar Häuser auf dem weißen Hügel, noch brennen Feuer in den Öfen, noch gibt es Essen, noch ist Munition da.

58

Die Männer in den Schneelöchern und hinter den weißen Mauern horchen gespannt in die geisterhafte Stille des Landes. Seit dem Morgenappell, bei dem Feldwebel Brettschneider mit heiserer Stimme die insgesamt 40 Namen verlesen hat und wobei nur einer, der Bromberger, fehlte, seitdem alle Angetretenen gesehen hatten, wie lasch und fiebrig der Kompaniechef etwas abseits gestanden und wie teilnahmslos an der Kompanie vorbeigeschaut hat – seitdem ist drüben im Wald etwas los. Ganz sicher. Aber man sieht nichts. Man hört nur.

»Spitzt die Ohren, Leute, lasst keinen Blick vom Waldrand!«

Mit weit vorgeschobenen Hälsen horchen sie, mit angehaltenem Atem lauern sie, schauen sich die Augen aus und sehen doch nichts.

Es knackt und prasselt manchmal im Wald. Da und dort fällt verräterisch Schnee von den Randbäumen. Aber es zeigt sich nichts.

Die MG-Gurte sind eingelegt, die Sicherungsflügel der Karabiner und MPs herumgelegt. Neben den Schneeauflagen liegen griffbereit die Handgranaten.

Aber nichts geschieht. Und das ist das Scheußliche an dieser Sache. Man hat erwogen, einen Spähtrupp loszuschicken, aber Müller hat das abgelehnt.

»Wenn drüben was los ist, soll es auf uns zukommen«, hat er mit fremder Stimme gesagt. Und dann befohlen: »Alle Mann auf die Plätze! Geschossen wird erst, wenn ich das Kommando dazu gebe.«

Müllers Anordnung geht aus der Überlegung heraus hervor, dass man keine wertvolle Munition auf einen Wald vergeuden soll. Liegt dort drüben etwas auf der Lauer, wird es über kurz oder lang hervorbrechen, und dann kann man aus allen Rohren schießen, dann lohnt es sich wenigstens.

Brettschneider hat auch zustimmend mit dem Kopf genickt. Und jetzt spannen sie alle nach drüben. Fast alle Augenpaare der Kompanie Müller sind auf den Waldstreifen gerichtet.

Es schneit dünn und stetig. Die Kälte ist nicht mehr so schneidend wie in der vergangenen Nacht.

Oberleutnant Müller spürt das Fieber in sich. Es braust in den Ohren, es glüht in den Adern. Kälteschauer wechseln mit Hitzewellen ab. Nur mit Mühe kann Müller das Zusammenschnattern der Zähne verbeißen.

Jetzt schlappmachen? Nein! Sich aufs Stroh legen und alle viere von sich strecken? Unmöglich! Brettschneider würde sich seinen Teil denken! Dieser Brettschneider mit seinem unverschämten Grinsen, mit seinen glitzernden Hohnaugen!

Müller kontrolliert noch einmal die Stellungen. Das Gehen fällt ihm schwer, das dumpfe Stechen engt jetzt die ganze linke Brustseite ein. Müller ist sich vollkommen klar, dass er eine Lungen- und vielleicht sogar eine Rippenfellentzündung hat. Der Regele irrt sich bestimmt nicht. Alle Symptome deuten darauf hin, dass es so ist.

Verdammter Mist!

Müller schaut in die Gesichter seiner Männer. In allen Mienen steht die Spannung der Stunde geschrieben. Seine Kerle sind es! Seit zwei Jahren ist er ihr Kompaniechef. Keiner könnte sagen, dass der Oberleutnant Müller jemals feige gewesen wäre. Im

Gegenteil! Er trägt nicht umsonst das Deutsche Kreuz in Gold an der Brust! Verliehen bekommen vor drei Monaten, als Müller mit dem MG in der Hand seinen Männern voransprang und eine ganze feindliche Kompanie zusammenschoss, die einen Einbruch versuchte.

Nur der Brettschneider, der hält nicht viel von Müller. Sie verstehen sich einfach nicht, weiß der Kuckuck, woran das liegt!

Alles in Ordnung.

Keine besonderen Vorkommnisse.

Drüben rührt sich noch immer nichts. Nur wenn man ganz scharf die Ohren spitzt, ist es, als schleiche etwas durch den Wald.

Müller kommt eben am Haus des alten Kokowkin vorbei. Mal reinschauen? Mal fragen, ob was fehlt? Ein winziges Kind ist doch da! Oder wird er sich nur abwehrenden, verschlossenen Mienen gegenüberstellen?

Entschlossen betritt Oberleutnant Müller die Hütte.

Es riecht nach Knoblauch und verbrannten Kartoffeln. Die fünf Menschen verstummen, als Müller eintritt. Auf dem Tisch steht das Kinderkörbchen.

Müller tritt heran und schaut in das Körbchen. Das Kind ist wach. Zwei unwahrscheinlich große, blaue Augen schauen zu ihm auf.

Müller streichelt mit dem Zeigefinger über das Kinderköpfchen. Als er sich umdreht, steht der alte Kokowkin hinter ihm und blickt ihn seltsam nachdenklich an. Dann huscht der Abglanz eines Lächelns über das weißbärtige Runzelgesicht.

»Braucht ihr was?«, fragt Müller auf Deutsch.

Schweigen.

Aus dem Hintergrund erhebt sich der blonde Riese und kommt auf Müller zu, knöpft die dicke Lammfelljacke auf und streift sein schmutziges, zerrissenes Hemd von der rechten Schulter.

Eine brandige Schusswunde zeigt sich, mit schwärzlichen Rändern.

Müller schaut dem Russen in die Augen.

»Verwundet?«, fragt er.

»Ja«, sagt Iwan Nikitin.

»Du sprichst Deutsch?«, wundert sich Müller.

»Ein bisschen, Cherrr.«

»Wo hast du es gelernt?«

»Ich warrr bei deitsche Cherrr in Dorpat in Arrrbeit.«

»Ah … in Estland!«

»Ja.«

Müller blickt kurz über die anderen Gesichter hinweg.

Zum Schluss schaut er dem jungen Burschen in die samtbraunen Augen. Boris schlägt den Blick nieder und geht zum Fenster.

»Chaben Sie was für mich, Cherrr Offizier?«, fragt Iwan Nikitin, auf die Schulterwunde deutend.

Müller nickt, hebt die Mantelseite und zerrt zwei Verbandspäckchen aus der Tasche.

»Danke schäään, Cherrr«, sagt der Russe.

Die anderen schauen erstaunt auf den Offizier. Müller hebt auch die angebrochene Schachtel Zigaretten nicht auf, die ihm beim Herausziehen der Verbandspäckchen aus der Tasche gerutscht ist. Er geht

62

zur Tür. Dort dreht er sich noch einmal um und lässt den Blick über die Leute wandern.

»Wer mit der Waffe in der Hand angetroffen wird«, sagt er dann, »wer sich als Partisan betätigt, wird erschossen. Merkt euch das, und richtet euch danach!«

Müller verlässt die ärmliche Behausung. Als er ins Freie tritt, sind wieder die wogenden Nebel da, und das ganze Dorf scheint zu wanken. Drinnen in der Stube übersetzt Iwan Nikitin die Ermahnung des deutschen Offiziers. Müller hört die kehligen Laute des Russen, als er auf den Gefechtsstand zugeht.

Pfriemelt ist gerade dabei, ein Paar frische Fußlappen um die ständig steifgefrorenen Füße zu wickeln.

»Der Brettschneider und unser Alter sind nicht gut aufeinander zu sprechen … haste das schon gemerkt, Paul?«

»Merkt doch 'n Blinder«, brummt Scholz, der die Kontaktenden der Anodenbatterie vom Grünspanansatz säubert. »Der Brettschneider hat Halsschmerzen.« Scholz grinst zu Pfriemelt hinüber. »Je mehr Russen er umlegt, umso wilder wird er. Wenn sie den mal erwischen … prost Mahlzeit!«

»Jedem von uns geht es so, Paul. Die Partisanen sind schlimmer als die Rotarmisten … sind die reinsten Teufel. Ich werd's nie vergessen, wie die sechs Mann vom Tross ausgeschaut haben, die wir in dem Holzschuppen bei Tschokulew gefunden haben … Junge, Junge«, murmelt Pfriemelt, »da ist es schon besser, man knallt sich selber eine vor die Birne, als dass man diesen Säuen in die Hände fällt.«

Pfriemelt stampft den Fuß in den Stiefel.

Scholz fummelt weiter an der Funkbatterie herum.

»Ich lass mich nie gefangen nehmen, das steht fest, Walter. Bevor ich ins Gras beißen muss, nehm ich noch etliche mit ... und dann ... Schau her, Walter ...!« Scholz hat plötzlich die 08-Pistole aus dem Stiefelschaft gezogen und setzt sie grinsend an die linke Schläfe. »'s soll ganz schmerzlos sein ... 'n Knall, und alles ist aus.«

Pfriemelt wickelt den anderen Fuß ein. Sie schweigen. Scholz schabt an dem Kontaktende herum.

Scholz und Pfriemelt denken an den Holzschuppen bei Tschokulew, in dem die sechs massakrierten Trossfahrer gefunden wurden. Aber nicht nur diese sechs wurden so fürchterlich zugerichtet, mehr noch. Hunderte. Tausende. Wehe dem, der sich in diesem verfluchten Land verirrt und einem Haufen Partisanen in die Hände fällt ...

»Schon wieder was von Felix gehört?«, fragt Pfriemelt den Kameraden – er fragt nur, um sich auf andere Gedanken zu bringen.

Felix ist der Bruder des Paul Scholz; er ist beim Bataillonsstab. Die Brüder hören nur wenig voneinander, obzwar sie kaum zehn Kilometer weit auseinander liegen.

»Nee, nischt«, brummt Scholz. »Wenn 's irgendwie geht, möcht ich zum Sonntag mal zum Bataillon rüberfahren und dem Felix gratulieren.«

»Geburtstag?«

»Ja, wenn 's stimmt, dass wir am Sonntag den 14. haben.«

»Könn'n wir ja mal gleich nachschauen«, sagt Pfriemelt und holt den kleinen Taschenkalender aus der Innentasche des Mantels, blättert mit frostklammen Fingern darin und stellt fest, dass am Sonntag wirklich der 14. Januar ist.

Oberleutnant Müller kommt in die Sakristei. Er musste sich nahezu herschleppen. Schweiß steht ihm auf der Stirn, das Atmen ist zu einer Qual geworden.

Pfriemelt und Scholz werfen sich besorgte Blicke zu. Ächzend wirft sich Müller auf die Decken und murmelt: »Was zu trinken da, Scholz?«

Scholz schraubt schon die Feldflasche auf und reicht dem Chef kalten Wald- und Wiesentee.

Müller trinkt durstig. Die Kehle ist wie ausgetrocknet. Immerfort trinken könnte Müller. Es ist, als verbrenne er von innen heraus. Mit einem Seufzer reicht er Scholz die Feldflasche zurück.

»Vielleicht machen sich Herr Oberleutnant doch 'n bisschen lang«, schlägt Scholz vor.

»Ich bin ganz rammdösig«, murmelt Müller und legt sich auf den Rücken.

Scholz beugt sich über den Kompaniechef. »Herr Oberleutnant, soll ich 'n Schlitten organisieren? Sie müssen doch unbedingt in ärztliche Behandlung.«

»Quatsch. Der Regele soll kommen. Holen Sie mal den Regele her, Scholz. Soll das Tablettengelump mitbringen, den ganzen Vorrat, den er noch hat!«

Müller hört seine eigene Stimme wie aus weiter Ferne. Das Fieber scheint wiederzukommen, die Hitzewellen rasen über die Haut. Verdammt, denkt Müller, ich will nicht krank sein! Man kann eine Krankheit mit dem Willen abtöten! Ich bin willensstark, jawohl!

Er richtet sich auf … er kommt aber nicht ganz

hoch. Es ist, als zöge jemand von hinten an den Schultern.

»Pfriemelt …«

Das Gesicht des Soldaten beugt sich heran. Müller sieht es wie durch einen Schleier.

»Pfriemelt, ist wer im Turm oben?«

»Jawohl, Herr Oberleutnant, der Janke ist auf Posten.«

»Der Janke soll bloß die Ohren spitzen!«, sagt Müller, dabei spürt er, dass er kaum noch Kraft genug hat, die Zunge in Bewegung zu bringen. »Aufpassen, Pfriemelt, verstanden? Rufen Sie das Bataillon an und sagen Sie, dass … Ach was, das mach ich selber«, unterbricht sich Müller. »Verbindung mit dem Bataillon, Pfriemelt!«

Der Funker geht zum Gerät und schraubt an den Knöpfen.

Aber noch ehe die Verbindung zu Stande kommt und Müller den Major fragen kann, ob es möglich wäre, dass Oberarzt Dr. Zenker rüberkommen könnte, krachen draußen ein paar dicht nebeneinander liegende Werfergranaten.

Rums … rums, rums, rums …

»Alarm!«, blökt eine Stimme, und aus dem Turmloch kommt eine Gestalt über die Leiter heruntergerutscht. Soldat Janke. »Der Iwan schießt mit Granatwerfern! Im Wald sitzt er!«

Müller reißt sich zusammen. Er springt auf. Draußen kracht eine zweite Lage auf die Dorfstraße. Weiße Fontänen, vermischt mit Erdklumpen, spritzen in die Höhe. Gestalten rennen herum. Jemand brüllt einen Befehl.

Wum … wum, wum, wum …

Die dritte Lage krepiert. Aus dem Wald kommen die Geschosse, fliegen mit zischendem Geräusch heran und platzen im Schnee auf der Dorfstraße.

Müller denkt nicht mehr an sich selbst. In langen Sprüngen setzt er auf den Nordausgang des Dorfes zu.

Wieder zischen und fauchen Werfergranaten heran. Diesmal erwischen sie die rechte Dorfseite. Drei, vier Häuser werden getroffen. Dachstücke fliegen durch die Luft. Rauch quillt aus den Häusern. Flammen züngeln nach. Die jämmerlichen Katen brennen wie Zunder ab.

Oberleutnant Müller hat den Schneegraben am Nordausgang des Dorfes erreicht.

Die acht Männer stehen in höchster Bereitschaft hinter ihren Waffen. Noch ist kein Schuss gefallen, noch stürmen aus dem Wald keine Feindmassen hervor.

Müller springt in den Graben, stolpert, fällt hin und rafft sich sofort wieder hoch.

»Feldwebel Brettschneider!«

Brettschneider, hinter dem MG liegend, dreht sich um, schaut gelassen den Kompaniechef an.

»Übernehmen Sie die Absicherung der linken Häuserreihe«, befiehlt Müller, kaum seiner Stimme mächtig und mit einem wüsten Dröhnen in den Ohren. »Unteroffizier Brand soll mit seinen Leuten den Südausgang abschirmen. Feuererlaubnis dann, wenn der Feind zu stürmen beginnt. Los, Brettschneider, beeilen Sie sich! Ich bleibe hier und übernehme Ihren Zug.«

67

»Jawoll«, grunzt Brettschneider. Er rutscht von dem leichten Maschinengewehr zurück und gibt an Müller den Platz ab. Bevor Brettschneider aber die Grabenstellung verlässt, wendet er sich noch einmal an Müller und sagt:

»Überlassen Sie lieber dem Brenningmeier das MG, Herr Oberleutnant ... Sie schau'n wirklich ganz hundsmiserabel aus.«

Müller winkt ab und legt sich hinter das MG.

Da verlässt Brettschneider den Stellungsgraben, läuft geduckt zum Dorf zurück und verschwindet zwischen den Häusern.

»Den ersten Schuss gebe ich ab«, sagt Müller. Von Mund zu Mund gehen diese Worte. Die Munition wird griffbereit hingelegt, Handgranaten werden auf die Schneeauflage gelegt. Die Augen sind schmal und wachsam auf den Waldrand gerichtet, aus dem noch immer die Werfergranaten aufsteigen und in steilem Bogen auf das Dorf niedergehen.

Krachend schlägt eine neue Lage in die Häuser. Auch das Haus Alexei Kokowkins kriegt einen Treffer ab. Das Dach wird auseinander gerissen, Balken und Bretter segeln durch die Luft, Rauch quillt empor, und Flammen lecken verzehrend nach dem morschen Gebälk.

Es geht alles rasend schnell. In der Stube sind die Menschen auf den Boden niedergefallen. Da kracht es schon, und Schutt rieselt durch die Decke, ein großes Stück bricht herab.

Aus diesem Trümmerwerk rappeln sich schreiende Gestalten hoch. Iwan Nikitin reißt das Kinderkörbchen an sich. In dem Tumult geht das hohe Geschrei des Kindes unter. Decken werden zusammengerafft, rasch ein paar Habseligkeiten hineingeworfen und zu einem Packen gemacht. Boris schaufelt mit fliegenden Händen die Kartoffeln aus der Kiste, in einen Sack hinein, der unten ein faustgroßes Loch hat.

»Raus ... raus!«, brüllt der blonde Riese und macht die Tür weit auf, wirft einen besorgten Blick zur Zimmerdecke empor, über der es zu knistern und zu prasseln beginnt. »Bosche, bosche ...«, wimmert die Großmutter und humpelt eilig aus der Stube, gefolgt von Towarisch Kokowkin, der die paar Habseligkeiten in dem Packen schleppt. »Die Ziegen ... die Ziegen!«, schreit Irina mit irrem Blick.

»Lass sie, geh raus!«, schreit Iwan und schiebt die Frau aus der erstickend heiß gewordenen Stube. Als Letzter stolpert Boris ins Freie, den Kartoffelsack über der Schulter, die Hälfte des Inhaltes während des Laufes über die Straße aus dem Sack verlierend.

»Die Ziegen, Iwan ... die Ziegen«, jammert Irina.

»Lass sie. Lauf schnell ...!«

Aber Irina folgt nicht, kehrt um und hastet noch einmal zu dem abbrennenden Haus hinüber, in den Stall, in dem die vier letzten Ziegen in wilder Angst herumspringen, ... die Ziegen, die dem Kind und der Familie die Nahrung geben!

Irina reißt die Stalltür auf. Da jagen auch schon die schwarzen, knochendürren Tiere heraus, über die Straße hinüber, auseinander springend, als plötzlich ein neues Krachen entsteht und Granaten die gefrorene Erde aufreißen.

»Irina!«, brüllt Nikitin und hält mit beiden Händen das Kinderkörbchen an sich gepresst. »Irinaaaa …!«

Die Frau sieht nur noch einen zuckenden Blitz. Glühend faucht ihr Hitze ins Gesicht. Krachend und vernichtend stürzt die Welt zusammen. Irina Nikitinowas Tod ist rasch, schmerzlos. Mit weit aufgerissenen Augen steht Iwan jenseits der Straße. Sein bärtiges Gesicht zuckt wild. Er will das Körbchen wegwerfen, er tut es aber nicht, er senkt nur den Kopf, er wendet sich um und geht gebrochen auf das heil gebliebene Haus zu, in dem die anderen vor der brüllenden Stimme des Kampfes Asyl gesucht haben.

Keiner weiß, wie lange dieses vorbereitende Granatwerferfeuer dauert, keiner schaut auf die Uhr. In höchster Erwartung und Spannung starren die Gesichter unter den weiß gekalkten Stahlhelmen zum Waldrand hinüber, in dem es sich jetzt zu regen beginnt.

Auch am rechten Frontflügel entsteht Kampflärm. Also werden auch die anderen beiden Kompanien angegriffen, zwischen denen der Bataillonsstab liegt.

Scheußlich spannende Minuten vergehen. Das Granatwerferfeuer wird schwächer. Plötzlich setzt es ganz aus. Und jetzt! … Drüben am Waldrand lösen sich dunkle Punkte los … erst einzelne. Dann sind es auf einmal die bekannten Massen. Ein ganzer Pulk von Gestalten, die sich deutlich vom Weiß des Vorfeldes abheben.

»Ruhe, Leute!«, ruft Müller nach links und rechts. »Abwarten! Näher kommen lassen! Nur nicht nervös werden, die kommen uns nicht aus!«

500 Meter mögen es vom Dorfrand bis zum Wald hinüber sein ... 500 Meter fast freies Feld. Mit ein paar verschneiten Bäumen da und dort besetzt. Gutes, freies Schussfeld!

Eine ... zwei ... vielleicht drei Kompanien mögen es sein, die jetzt in breiter Front auf das Dorf zulaufen. Die Sowjets stürmen wie immer; rücksichtslos, in Massen, selbstmörderisch. Untergehakt, bereits auf weite Entfernung mit dem Hurrä brüllend, waten sie, fallen sie, torkeln sie immer näher.

Müller liegt selbst hinter dem MG. Links und rechts von ihm die beiden Ladeschützen. Der Oberleutnant ist seltsam erregt und zugleich von einer grausamen inneren Ruhe gepackt. Das in den Adern tobende Fieber ist vergessen. Die wehenden Nebelschleier sind plötzlich verschwunden. Alles zeichnet sich erschreckend klar vor den Augen ab.

»Feuer ...!«, schrillt der Befehl durch den Graben, und gleichzeitig zieht Müller den Abzug durch. Die Waffe hüpft und bockt. Rasselnd und prasselnd hämmert das MG los. Auch die Karabiner knallen jetzt in raschem Einzelfeuer. Wie hingemäht sinken die ersten Gestalten in den Schnee. Wieder und wieder. Trotzdem dauert das heisere Hurräbrüllen an, trotzdem kommen die Massen der Angreifer näher.

Mit zusammengebissenen Zähnen feuert Müller, schwenkt das MG, bis der erste Gurt durch ist. Blitzschnell liegt der nächste drin. Und wieder schwenkt der Lauf über der Schneeauflage hin und her.

Wie viele sind es, die im Schnee liegen bleiben, die sofort tot sind, die noch brüllen oder schmerzvoll zu schreien beginnen? Von der ersten Angriffswelle, die aus dem Wald hervorgebrochen ist, mag die Hälfte liegen geblieben sein. Hunderte sind es, die über die dunklen Punkte hinwegstolpern und das Dorf zu erreichen suchen.

Die Sowjets schießen im Voranstürmen. Rasendes Abwehrfeuer prasselt jetzt vom Dorfrand her den Angreifern entgegen.

Ganz links außen im Schneegraben liegt der Student Milke in der Scharte und pickt sich mit unfehlbarer Ruhe Punkt um Punkt aus der menschlichen Masse heraus. »Hat ihn …«, sagt Milke nach jedem Treffer. »Hat ihn … und noch einen … und …« Plötzlich greift Milke an seinen Hals. Erstaunt reißt er die Augen auf, hebt den Kopf, zuckt noch einmal zusammen und sinkt dann mit einem dumpfen Laut nach hinten.

Drei MGs der Kompanie schießen jetzt. Dazwischen prasselt das Feuer der Einzelschützen. Die Wirkung drüben ist verheerend. Reihenweise fallen die Russen, aber immer noch springen und brüllen neue Wellen heran.

Der Wald ist voll, denkt Müller, als der dritte Gurt eingelegt wird. Artillerie müsste man haben.

Aber hier hat man keine Artillerie, hier muss allein gekämpft werden. Und die Vierte kämpft verbissen, schießt, bis die Läufe glühend werden, weicht nicht aus den Stellungen – auch dann nicht, als die ersten Russen auf ein paar Meter ran sind. Das trockene Rasseln der Maschinenpistolen mischt sich in das nicht enden wollende Rasen der MGs.

»Schießt, Leute … schießt!«, brüllt Müller, als das

72

MG plötzlich eine Ladehemmung hat und die beiden Schützen mit fliegenden Händen daran sind, die Panne zu beheben.

Müller hat die MP hochgerissen und jagt das erste Magazin leer.

»Aaaah …!«, schreit jemand im Graben. Schumann ist es, den es erwischt hat. Nur ein kurzer Blick wird ihm geschenkt. Schumann muss allein sterben … am knochenhart getrampelten Grabenboden, zusammengeringelt wie ein zertretener Regenwurm.

Jetzt ist der Angriff der Sowjets ins Stocken geraten. Hier wenigstens, vor Müllers Stellung. Die Russen ziehen sich in den Wald zurück.

»Den Milke und den Schumann hat's erwischt«, sagt jemand.

Zwei Tote, zwei Verwundete sind im Schneegraben. Plötzlich rollt sich Regele in die Stellung, kriecht zu den beiden Verwundeten hin und untersucht sie. Der eine hat einen Streifschuss am Kopf, der andere einen Steckschuss in der rechten Schulter.

»Det heilt noch heute«, murmelt Regele, als er das Jodfläschchen tropfen lässt und erst einmal einen fachgerechten Kopfverband anlegt.

Die Gesichter der Männer sind grau, aber ruhig. Bestimmt stürmt der Feind heute noch einmal. Draußen im Vorfeld wimmern Verwundete. Da und dort schleppt sich eine Gestalt zum Waldrand zurück.

Es wird nicht mehr geschossen. Beim MG liegen noch vier Munitionsgurte, dafür haben sich am Grabenboden Hunderte Geschosshülsen angesammelt, die jetzt in den Schnee getreten werden.

Müller kauert an der Grabenwand und scharrt ei-

73

ne Hand voll Schnee zusammen, die er sich gegen das Gesicht presst. Die Kälte zerschneidet fast die Haut, aber sie tut wohl, sie schafft ein bisschen Linderung in den hämmernden Schläfen.

Regele wirft dem Oberleutnant einen Blick zu. Himmel, der Alte schaut scheußlich aus. Wenn der bloß durchhält! Ins Lazarett müsste er, stattdessen legt er sich Schnee auf das vom Fieber erhitzte Gesicht.

Stumm reicht Regele die Pillenschachtel herüber. Müller nimmt sie und schluckt diesmal vier Chininpillen. Die müssen jetzt über die nächsten zwei oder drei Stunden hinweghelfen.

Kaum dass Müller die Pillen im Magen hat, plumpst etwas auf die Schneeauflage. Gleichzeitig schmettert ein Krach los und schleudert die Männer zu Boden.

Der Feind schießt mit Granatwerfern auf die Stellung. Und schon zischt die nächste Granate herüber, fegt diesmal dicht hinter dem Graben in den Schnee und überschüttet die Grabeninsassen mit einer Wolke aus weißem Staub und harten Erdbrocken.

Die Männer verkriechen sich in die Ausbuchtungen, pressen sich an die Eismauer, halten den Atem an. Schnee deckt den Stellungsgraben zu. Die Luft bockt und stößt von den nachfolgenden Detonationen. Granate auf Granate zischt nieder und zerfetzt mit hellem Krach auf der Schneeauflage, vor dem Graben, hinter ihm.

Bange Minuten. Keiner kann den Kopf heben. Gleich mit dem ersten Treffer ist das MG fortgefegt worden. Am Grabenboden liegt einer der Schützen.

74

Tot. Der andere hat sich in einem Schneeloch verkrochen. Mit Müller sind es jetzt nur noch sieben Mann, Regele mitgezählt, der irgendwo in einem toten Winkel hockt und den Kopf, genau wie die anderen, wegnimmt. Der Gegner schießt haargenau; er weiß, warum er das macht: Die Stellung, aus der vorhin der Tod kam, soll ausgeschaltet werden.

Ich muss raus hier, denkt Müller. Ich muss die Stellung aufgeben, sonst bleibt keiner von uns übrig. Ich muss versuchen, die Häuser zu erreichen …

Aus dem ohrenbetäubenden Gekrache hebt sich matt das Abwehrfeuer der Kleinwaffen. Ein MG, wahrscheinlich das der Gruppe Brand, rattert ununterbrochen am Südausgang des Dorfes. Auch von der Dorfmitte her wird geschossen. Dort sitzt Feldwebel Brettschneider mit seinen paar Männern und versucht, die Reihen der anstürmenden Sowjets zu lichten. Von wegen drei feindliche Kompanien, die zum Sturm angetreten sind. Fünf oder sechs mögen es sein, die sich vor Charkowka massiert und die nun angegriffen haben.

Charkowka brennt. Kaum drei oder vier Häuser sind von dem schweren Granatwerferfeuer verschont geblieben.

Die Lage ist brenzlig – wenn nicht gar entscheidend gefährlich. Die Vierte verfügt über eine Kampfstärke von höchstens noch 30 Mann, der Rest von etwa zwölf Mann ist tot oder verwundet.

Müller wartet noch ein paar Sekunden – Sekunden, in denen neue Schneewolken, vermischt mit dunklen Erdbrocken, am Stellungsrand hochgerissen werden. Dann erschallt der Ruf:

»Zurück zum Dorf, einzeln zurück! Bei der Kirche sammeln!«

Müller wartet. Vor seinem Loch vorbei hasten ein paar Gestalten auf den rückwärts gelegenen Grabenausgang zu. Jemand schreit auf.

Wieder einer, schießt es Müller durch den dröhnenden Schädel. Jetzt scheint es, als träte eine Pause ein. Müller steckt den Kopf aus seinem Deckungsloch. Der Graben ist halb verschüttet. Eine Hand starrt aus dem schmutzigen Schnee heraus. Dort, wo das MG in Stellung lag, ist alles zerwühlt. Der am Leben gebliebene Schütze hat noch so viel Geistesgegenwart gehabt, beim Sprung nach rückwärts die letzten vier Munitionsgurte mitzunehmen. Müller packt noch schnell einen liegen gelassenen Karabiner und zwängt sich durch den Graben. Kaum hat er den verwinkelt angelegten Ausgang erreicht, als auch schon wieder eine Lage heranwinselt und mit Getöse mitten in der Stellung hochfliegt.

Keiner hat jetzt Zeit, sich um das Schicksal der Familie Kokowkin zu kümmern. Sie hockt in einer eiskalten, finsteren Stube. Die Großmutter hat das Kind im Arm. Boris kauert in einem Winkel auf dem fast leeren Kartoffelsack. Der alte Kokowkin lehnt mit gesenktem Kopf an der Wand und denkt: »Mein Gott, es sind die Eigenen, die mein Dorf zusammenschießen, ... sie haben Irina getötet, sie werden auch uns töten ...«

Draußen ertönen heisere Rufe. Schritte poltern vorüber.

Es wird wie verrückt geschossen.

Am Fenster, das zur Straße hinausführt, steht die lange Gestalt des Iwan Nikitin. Sein Gesicht ist wie aus Stein. Kein Muskel rührt sich, die Augen stehen weit offen und haben einen starren Blick – schauen zu dem niederbrennenden Haus hinüber, in dem Irina Nikitinowa vom Tod überrascht wurde.

»Iwan!«

Der Mann am Fenster rührt sich nicht.

»Iwan, wir sterben noch alle, wenn wir hier bleiben!« Es ist Boris, der den Schwager von der Seite her anspricht. »Hilf uns, Iwan … sag etwas!«

Aber Iwan schweigt. Es ist ein starrer Schmerz, der den Mann umklammert hält. Boris senkt den Kopf und schleicht zu seinem Kartoffelsack zurück.

Das Getöse hält an. Der Schnee ist mit Glutröte übertüncht. Charkowka brennt nieder – Charkowka, in dem sich noch eine Hand voll Deutscher halten und dem Ansturm trotzen wollen.

Müller hat sich mit seinen Leuten auf die Dorfmitte verteilt. Die Kirche liegt jetzt im konzentrischen Granatwerferfeuer der Russen. Das Dach brennt bereits, der Kirchturm ist in eine Qualmwolke gehüllt. Scholz hat sich mit Pfriemelt in eines der heilen Häuser verzogen und ist daran, das Funkgerät klar zu machen.

Da keucht Täubler heran. »Anfrage beim Bataillon, ob Verstärkung geschickt werden kann!«

»Die werden uns was scheißen«, sagt Pfriemelt, »die haben selber zu tun. Horch doch nur, wie 's bei der Ersten ballert!«

Ja, auch im Abschnitt der Ersten ist der Abwehrkampf im Gange. Wahrscheinlich geht es der Dritten ebenso. Ein schlimmer Tag!

Minuten später weiß Scholz, was drüben los ist. Täubler schüttelt den Kopf, als er an Müller die Nachricht überbringen soll: »Unterstützung unmöglich, da alle Kräfte bei der Abwehr des Angriffs gebunden sind. Linken Flügel auf alle Fälle halten!«

Müller kneift die Lippen zusammen, als Täubler den Funkspruch des Bataillons überbringt. Na ja, dann muss man eben versuchen, mit knapp 30 Mann das Nest zu halten. Knapp 30 Mann gegen drei oder vier, vielleicht sogar fünf sowjetische Kompanien!

Jetzt rollt der zweite Angriff der Russen. Dort, wo Unteroffizier Brand mit seinen Männern liegt – es sind noch neun –, rasselt das einzige MG 42 der Kompanie. Eine gute Waffe! Aber was sie frisst! Die Gurte werden nur so verschlungen! Und es sind nur noch wenige Gurte da! Dafür umso mehr Handgranaten! Die wird man heute bestimmt noch brauchen. Ein scheußlicher Tag! Ob man den Abend noch erlebt?

Die zweite Welle der Sowjets hat sich inzwischen vorgearbeitet bis dorthin, wo die Toten der ersten dicht gedrängt auf dem Schnee liegen.

Die Russen kommen näher und näher. Nur noch ein einziges MG feuert von der Flanke her. Brands MG. Die letzten Gurte!

Zwischen den beiden Holzhaufen steht das Pak-Geschütz. Das Ding ist kaum etwas wert! Keine Panzer da. Nur Menschenmassen, die wie Ameisen aus dem Wald hervorbrechen und über den freien Geländestreifen brüllen, johlen und schießen.

Wie dünn und verzweifelt das Einzelfeuer der

Deutschen klingt. Das MG schießt nur noch in kurzen Feuerstößen. Plötzlich schweigt es ganz.

Aus. Die Munition ist alle. Und Hunderte von Russen rennen über die freie Schneefläche. Sie hören ja, dass die »Germanski« immer langsamer schießen.

»Hurrä …!«

Das heisere Gebrüll ertönt bereits von dort, wo die zusammengeschossene und geräumte Stellung des Zuges Brettschneider lag. Also bis dort sind sie schon! Jetzt ist es nicht mehr schwer, das Dorf von Norden nach Süden aufzurollen!

Brettschneider wirft sich neben Müller in den Schnee.

»Sieht verdammt mulmig aus, Herr Oberleutnant! Frage, sollen wir uns abschlachten lassen? Oder sollen wir 'n Stückchen zurück?«

Müller ist kein Mensch mehr, ist nur noch ein Wesen, das vom Willen aufrecht gehalten wird. Das Fieber tobt in ihm. Der Schmerz in den Rippen klemmt das Herz ein. Der Atem pfeift kurz und stoßhaft aus der Brust.

»Brettschneider«, sagt Müller, geradeaus starrend, »ich muss erst den Befehl dazu kriegen.«

»Wir kriegen keinen Befehl mehr.«

Müller sieht den anderen wie hinter einem wogenden Schleiervorhang.

»Was heißt das?«

»Das Bataillon meldet sich nicht mehr.«

»Meldet sich nicht mehr …«, wiederholt Müller abwesend. Dann gibt er sich einen Ruck. »Wir wollen einen Gegenstoß ansetzen, Brettschneider. Nehmen Sie Ihre Leute und versuchen Sie, die Russen ...« Er bricht ab, hustet krampfhaft und verausgabt damit seine letzten Kraftvorräte. Die nächsten Worte Müllers hören sich wie ein gestammeltes Vermächtnis an: »Halten ... wenigstens versuchen, Brettschneider. Nur dann zurück, wenn alles unmöglich ist ...«

Müllers Gesicht fällt in den Schnee. Ohnmächtig liegt die lange Gestalt des Kompaniechefs da, wie tot.

Brettschneider richtet sich auf. »Täubler!«

Der Gerufene kommt herangesprungen.

»Kümmern Sie sich um Oberleutnant Müller! Wir hauen ab von hier, ist sowieso nichts mehr zu machen.«

Um die Hausecke herum taucht Regele, der Sanitäter, auf. Auch den winkt Brettschneider heran, dann springt Brettschneider auf und eilt geduckt an den nächsten zwei Häusern entlang.

Alexei Kokowkin erschrickt nicht, als die Stubentür aufgerissen wird und eine untersetzte Gestalt auf der Schwelle steht.

»Raus mit euch! Macht fix ... Charkowka wird geräumt. Ihr kommt mit! Habt ihr einen Gaul ... einen Schlitten?«

Towarisch Kokowkin erkennt jetzt den Mann; er ist der grobe Deutsche, der in der vergangenen Nacht die drei erschießen ließ.

Es geht alles so rasch, wie es die Situation gebietet: Kokowkin und seine Angehörigen sammeln ihre Habseligkeiten auf und lassen sich aus dem Haus jagen. Im Stall des davongelaufenen Genossen Ternow steht noch ein klapperdürrer Gaul, findet sich auch ein Schlitten. Feldwebel Brettschneider sorgt mit herumfuchtelnder MP dafür, dass alles schnell geht. Iwan Nikitin und Boris heben den ohnmächtigen Kompaniechef auf den Schlitten. Der alte Kokowkin spannt den Gaul vor.

Nur noch vereinzelt fallen Schüsse. Die hervorgestürmten Sowjets haben erst einzeln den Nordausgang von Charkowka erreicht und trauen sich vorerst nicht weiter. Der Befehl, bis zum Ortsanfang vorzudringen, ist für sie erfüllt. Jetzt müssen neue Befehle gegeben werden, aber die sind noch nicht da.

Diese kurze Zeitspanne genügt Brettschneider, den Rückzug aus Charkowka durchzuführen. Unteroffizier Brand soll mit sechs Mann die Rückendeckung übernehmen. Brand nimmt den Befehl mit einem stummen Kopfnicken entgegen, winkt sechs Leute zu sich und geht mit ihnen in die Deckung einer Hauswand, um sich dort für das Weitere zu besprechen.

Regele bringt noch drei Verwundete an. Einer davon, Dengler, hat einen Lungenschuss und wird neben Müller auf den Schlitten gepackt.

»Wo ist der Schmutt?«, fragt Brettschneider.

Keiner weiß es. Das Haus, in dem Schmutt so umsichtig und einfallsreich für die vierte Kompanie kochte, steht in Flammen. Von Schmutt ist nichts zu sehen. Er war ein guter Schmutt. Jetzt wird sich der kläglich zusammengeschmolzene Haufen allein versorgen müssen. Nach dem Wie fragt noch keiner.

Es sind 29 Mann, die noch auf den Beinen stehen. Fünf davon sind verwundet, einer todkrank.

»Wohin?«, fragt Regele.

Brettschneider wendet sich an den alten Kokowkin, der den Gaul am Kopfriemen hält.

»Du führst uns zurück, verstanden?«

Der Alte nickt nur.

»Wenn du uns gut führst, bleibst du am Leben«, sagt Brettschneider. »Du und alle hier, die zu dir gehören. Führe uns also gut! Paschol!«

Towarisch Kokowkin dreht sich um und zieht den Gaul nach. Der Schlitten mit den zugedeckten Gestalten setzt sich in Bewegung.

»Los«, befiehlt Brettschneider dem wartenden Haufen, »in Abstand dem Schlitten folgen!«

In diesem Augenblick setzt Schneetreiben ein. Der Wind faucht kalt aus Richtung Nordosten und treibt dichte, weiße Wolken heran, in denen Schlitten und Gestalten untertauchen.

Auf der Anhöhe liegt das Dorf Charkowka, in dem jetzt wieder geschossen wird.

Unteroffizier Brand ist mit seinen sechs Mann zum nördlichen Dorfende vorgedrungen. Die letzte Munition wird verschossen. Handgranaten klirren durchs Fenster in die Stube hinein, in die vier Sowjets eingedrungen sind. Mit dem Krachen der Handgranaten fliegen die Fensterstöcke aus der Mauer. Ein Russe wird von der deutschen MP niedergeworfen. Das Haus beginnt zu brennen.

Zurück zum nächsten. Brand winkt seinen Männern. »Abhauen ...!«

Da tauchen am unteren Dorfteil Gestalten auf. Die Sowjets sind also schon in Charkowka. Wehe, wenn jetzt noch irgendwo ein Verwundeter liegt! Sind alle fort? Brand weiß es nicht. Er glaubt den

Moment gekommen, wo er sich aus diesem dreimal verfluchten Nest absetzen kann.

»Rüber auf die andere Straßenseite!«, ruft er seinen Männern zu und springt als Erster. Mitten im Sprung fällt der Unteroffizier nieder. Getroffen.

Einer der sechs Mann will dem Toten die MP abnehmen. Auch er fällt unter den Schüssen einer russischen Maschinenpistole. Die anderen wissen, dass es kein Entkommen mehr gibt, sie werfen sich nieder und zielen auf die heranbrüllenden Russen. Ein paar Schüsse patschen. Dann ist der Feind da.

Grelle Schreie, ein paar rasselnde MP-Stöße, dann ist es vorbei. Die Sowjets haben Charkowka. Der Befehl ist durchgeführt. Weiter nach Westen vorzudringen, um die Reste der deutschen Kompanie niederzumachen, das wurde noch nicht befohlen. Lachend wimmeln die sowjetischen Kompanien heran. Sie haben einen Sieg errungen! Charkowka gehört ihnen!

Keiner kümmert sich um die Spuren, die vom Hügel hinabführen und sehr rasch vom schneetreibenden Wind zerblasen werden. Hinter wirbelnden Schneewolken ist der Rest einer deutschen Kompanie untergetaucht.

Man sieht kaum zehn Schritt weit. Der Nordweststurm treibt dichte Schneewolken über das Land. Trotz der frühen Nachmittagsstunde herrscht Dämmerung – geradeso vielleicht, dass der seltsame Zug Menschen ein Stück vorausblicken kann. Die Spitze dieser im Schneetreiben kriechenden Kolonne hat ein Schlitten übernommen. Oft watet der erbärmlich dürre Gaul bis zum Bauch im Schnee, dann wieder tastet er sich über auffallend glatte und ebene Flächen. Zugefrorene Seen sind es. Aus dem Schneegestöber tauchen dann und wann Waldränder auf, in die Lücken hineinführen. Keine der vermummten Gestalten, die dem Schlitten folgen, weiß, wohin Towarisch Alexei Kokowkin sie führt. In ein Partisanennest? In den weißen Tod? Übt der alte Dorfnatschalnik jetzt Rache an den »Germanski«? Wird er die Toten von Charkowka rächen und den aufgezwungenen Befehl Brettschneiders in Kürze abschütteln?

Towarisch Kokowkin geht vor dem zottigen Gaul her und zieht ihn am langen Zügel nach. Neben dem Tier stapft die massige Gestalt Iwan Nikitins. Er trägt das Körbchen, in dem sein Kind wimmert. An einem Schlittenzacken festgeklammert, lässt sich die Großmutter voranziehen. Auf der anderen Seite des langsam durch den Schnee furchenden Gefährts watet Boris, der junge Russe. Dann und wann ruft er der Großmutter ein ermunterndes Wort zu, das der winselnde Wind davonträgt.

Dicht hinter dem Schlitten stapft Brettschneider einher, die Maschinenpistole so umgehängt, dass er sie sofort zum Schießen verwenden kann. Es ist Brettschneider vollkommen klar, dass sein Befehl zum Rückzug willkürlich war. Aber was blieb anderes übrig? Brettschneider hat auch nach Erreichen des ersten Waldstreifens zehn Minuten lang auf die Gruppe Brand gewartet, hat das Schießen und Brüllen in der Ferne gehört und dann den Befehl zum Weitermarsch gegeben.

Wohin?

Irgendwo im Westen wird wohl eine Auffangstelle anzutreffen sein, werden deutsche Truppen liegen. Jetzt aber gilt es erst einmal, zwischen sich und Charkowka ein paar Kilometer Distanz zu bekommen. Towarisch Kokowkin hat den Befehl bekommen, das nächste Dorf anzustreben, in dem Brettschneider deutsche Truppen anzutreffen hofft. Und wehe, wenn der vorausmarschierende Kokowkin Verrat übt! Dann ist es um ihn und seine Familie geschehen.

Das weiß auch Alexei Kokowkin, darüber ist er sich ebenso klar wie über die Tatsache, dass es bis zum nächsten Dorf nahezu 50 Kilometer weit ist. Unklar ist er sich lediglich darüber, was er dort vorfinden wird: Deutsche oder Russen?

50 Kilometer Fußmarsch durch den tiefen Schnee? Nein, das schafft auch der stärkste Russe nicht in einem Tag. Nicht einmal Iwan Nikitin, der auf seinen bärenstarken Armen das Kinderkörbchen bis ans Ende der Welt tragen würde!

Hinter dem gemächlich durch den Schnee gleitenden Schlitten folgt die geschlagene Kompanie. Die Verwundeten werden gestützt. Der Hintermann folgt keuchend dem Vordermann, um ja nicht den Anschluss zu verlieren. Stehen zu bleiben, zu verschnaufen, auch einen Augenblick nur, bedeutet den sicheren Tod! Also vorwärts – egal, wohin – in den Tundrawald, in eine schäbige Hütte, in ein Dorf, wo Öfen brennen und warme Stuben zu finden sind.

Nur sechs Mann hatten Zeit, die Skier mitzunehmen. Die anderen waten möglichst dicht hinter dem Schlitten her. Alle haben noch Waffen bei sich, dazu eine Hand voll Patronen in der Tasche. Täubler brachte es nicht übers Herz, das MG zurückzulassen; er schleppt es mit, obwohl das Ding wie eine Zentnerlast auf der Schulter liegt. Lohmeier hat sich die vier MG-Gurte um den Hals gehängt. Eine raschelnde Halskette, die den Oberkörper weit nach vorne zieht. Hinter Lohmeier stapft der Funker Scholz durch den Schnee. Das Funkgerät drückt ihn fast nieder, aber er trägt es. Und neben Scholz schleppt sich Pfriemelt mit der MP und dem Zusatzkasten für das Funkgerät ab. Den Schluss dieser traurigen Kolonne macht Helmut Regele, der Sani. Er flucht vor sich hin und treibt keuchend Zurückfallende zum Weitermarsch an.

»Willste im Schnee verrecken, du Heini? Los, mach weiter, sonst bleibste liegen und der böse Wolf kommt!«

Die Lungen keuchen, der Sturm bestäubt die Gestalten mit Schneepulver. Weiter geht es, immer weiter – über Hügel hinweg, in Bodensenken hinab, über flache Schneeflächen, unter denen es dumpf poltert und knackt.

Wieder ist es ein zugefrorener See, über den die Menschenschlange kriecht. Aus dem Schneetreiben taucht das ansteigende Ufer auf. Der zottige Gaul zieht den Schlitten hinauf. Ihm nach keuchen die Menschen.

»Stoj …!«, brüllt Brettschneider nach vorne. »Halt!«

Towarisch Kokowkin bleibt stehen und dreht sich um. Das bärtige Gesicht des alten Russen ist vom treibenden Schnee überzuckert.

»Wo bringst du uns hin?«, will Brettschneider wissen.

»Dort hinüber, Pan.« Der Alte deutet ins Schneegestöber.

»Wie weit ist es noch bis zum nächsten Dorf?«

»Sehr weit … Heute kommen wir nicht mehr hin … morgen vielleicht.«

»Dann bringe uns an eine Stelle, wo wir rasten können.«

»Ich weiß eine, Pan. Wir sind bald da.«

Brettschneider watet zum Schlitten zurück, zieht den rechten Fäustling aus und tastet unter die zugeschneite Decke. Die Hand berührt ein heißes Gesicht, schweißnasses Barthaar. Oberleutnant Müller lebt also noch.

»Vorwärts, Leute! Vorwärts! Aufschließen! Ranhalten!«

Der Gaul hat sich wieder in Bewegung gesetzt. Der Schlitten gleitet auf den Tundrawald zu. Die Menschen tauchen in den bewegten weißen Wolken unter. Der Sturm verweht die Spuren und braust in unverminderter Stärke gegen Südwest weiter.

Etwa eine halbe Stunde dauert der Marsch, dann hat die Kolonne einen zugefrorenen See erreicht. Der Wald schiebt sich weit ans Ufer vor. Unter den schneebeladenen Bäumen duckt sich ein Blockhaus.

Im Sommer kommt der alte Kokowkin oft hierher und bleibt ein paar Wochen, um dem Fischfang und der Jagd nachzugehen. Es ist viele Jahre her, dass Alexei Kokowkin dieses feste Holzhaus gebaut hat, in dem die Fischnetze hängen und sonstige Jagdgeräte aufbewahrt werden.

Hier hält der Schlitten, und der alte Russe sagt Brettschneider, dass sie am Ziel seien. Taumelnd schließen die letzten Gestalten auf, sinken erschöpft in den Schnee und erwarten stumpfsinnig das Weitere.

Das Blockhaus ist tief verschneit. Es kostet Mühe, sich einen Weg hinzubahnen und die Tür vom Schnee frei zu machen. Dunkel und eiskalt gähnt ein Raum entgegen. Es riecht nach Holz und kaltem Kaminfeuer. Brettschneiders Taschenlampe leuchtet herum. Der Lichtstrahl wandert über einen einfachen, klotzigen Tisch, über einen offenen Kamin, auf dessen Rost ein Schneeberg liegt. Ein Bett aus Brettern und mit Schilfstroh gefüllt steht in der Ecke. An den Wänden hängen die Netze, zwei große Fischspeere und ein Kescher. Auf einem Sims stehen rußige Kochgeräte. Die Fensterläden sind zu und mit großen Spinnweben verhangen, an denen Eiskristalle schimmern.

»Gut«, murmelt Brettschneider. »Hier können wir bleiben. Mach ein Feuer an, Gospodin Kokowkin, und such dir einen Winkel für die Deinen.«

Bald darauf flackert ein Holzfeuer unter dem rußigen Rauchfang, und blutroter Lichtschein erhellt den Raum. Zusammengedrängt wie Schafe in einem Stall hat die Kompanie Müller das neue Asyl besetzt. Die steifgefrorenen Klamotten tauen allmählich auf, die Dünste der vielen Menschen ballen sich zusammen und füllen den Raum. Dicht nebeneinander hocken die Soldaten im Bereich des prasselnden Kaminfeuers und spüren bleierne Müdigkeit auf sich zukriechen, die Hunger- und Durstgefühl auslöscht. Schlafen, nur schlafen! Sich hinhauen und die Augen zumachen! Die letzten Stunden waren eine einzige unsagbare Strapaze, der Körper ist ausgelaugt.

29 Mann sind es, die sich in dem Raum zusammendrängen, einschließlich Brettschneider und Oberleutnant Müller, der mit dem Verwundeten zusammen auf dem Bett liegt. Dengler heißt der Gefreite, dem ein Schuss die rechte Lungenseite durchlöchert hat. Es besteht kaum Hoffnung, dass er die Nacht überlebt. Er hustet und spuckt Blut. Regele, der sich um die beiden Halbtoten kümmert, hat den Schwerverwundeten nach vorne und Müller nach hinten aufs Bett verfrachtet. Beide keuchen um die Wette. Der eine hochgradig fiebernd, der andere mit verlöschenden Atemzügen. Regele ist überzeugt, dass Oberleutnant Müller in Kürze das Bett für sich allein in Anspruch nehmen wird. Dengler wird bald ausgelitten haben.

Feldwebel Brettschneider zeigt noch keine Müdigkeit; er macht so eine Art Bestandsaufnahme und hat sein Notizbuch gezückt, in das er mit klammen Fingern die aufgerufenen Namen der Restkompanie schreibt:

»Abel.«

»Hier!«

»Dengler.«

Die Antwort gibt Regele vom Bett herüber: »Können Se abschreiben, Herr Feldwebel.«

Brettschneider ruft den Nächsten auf: »Ebermayr.«

»Hier!«

»Gimmler.«

»Hier!«

27 Mann also, die noch »Hier« gegrunzt haben. Brettschneider geht zum Bett hinüber und schaut auf die beiden Gesichter nieder.

Keine Miene zuckt in dem bärtigen Gesicht Brettschneiders, als er das letzte Ringen des Gefreiten Dengler sieht. Neben ihm liegt das andere Totengesicht: Oberleutnant Müller. Es glüht dunkel und schwitzt. Der Kopf bewegt sich müde auf dem Seegraskissen hin und her.

Niemand spricht ein Wort. Die russische Familie hat sich in einen winzigen Nebenraum verkrochen. Ein Kerzenstummel klebt auf einem Balkeneck und spendet mattes Licht. Alexei Kokowkin säbelt Brotscheiben von einem steinharten Laib und reicht sie herum. Nur Iwan Nikitin lehnt stumm ab, hält das schlafende Kind im Arm und hockt mit dem Rücken an der Wand am Boden.

Brettschneider richtet sich auf und schaut Regele an.

»Der Dengler macht's alle, wie?«

Regele nickt nur.

»Meinst du, dass wir den Chef durchkriegen?«

Regele zuckt nur die Achsel.

Da richtet sich Dengler auf und starrt herum.

»Bleib liegen, Sepp«, murmelt Regele.

»Regele«, lallt der Schwerverwundete, »ich … ich schaff's net mehr … Ich muss … hier krepieren, nicht wahr?«

Der Sani drückt den Schwerverwundeten mit sanfter Gewalt zurück. »Du kommst schon durch, Sepp. Ick sage dir, du kommst durch.«

Dengler hascht nach Regeles Hand und drückt sie

matt. »Ich spür's doch, dass ich hin werd, Helmut. Mir hilft nix mehr ... Es wird alle mit mir ...«

»Haste Schmerzen, Sepp?«

»Net viel ... bloß, ... Luft ... Ich krieg ka Luft net, Helmut! Mach's Fenster weit auf, sonst derstick i ... mach's doch ...« Dengler hustet. Sein Oberkörper bäumt sich auf. Mit weit aufgerissenen Augen schaut der Sterbende in der Stube herum.

Die anderen haben sich erhoben, stehen stumm da. Nur drei sind eingeschlafen und wissen von nichts.

»Kumpels«, röchelt Dengler, »ihr geht alle drauf! Wie ich jetzt ... alle ... verfluchter Krieg ... ver...« Dengler japst krampfhaft nach Luft, fuchtelt mit beiden Händen in der Luft herum und klappt dann zusammen.

Die Männer im Raum setzen sich und senken die Gesichter. Brettschneider lehnt an der Balkenwand und kratzt sich im Bart. Dann lässt er die Hand sinken und fragt Regele:

»Tot?«

»Tot ... ja«, murmelt der Sanitäter. »Zwei Mann her!«, ruft er in den Raum. »Wir müssen den Dengler rausschaffen.«

Es melden sich vier Mann. Sie heben Dengler vom Bett hoch und tragen ihn hinaus. Hinter der Blockhütte ist ein Schuppen, in dem der magere Gaul angebunden ist und der Schlitten steht. Brettschneider leuchtet den vier Gestalten, die Dengler in den Schuppen tragen, auf den Schlitten legen und mit einer Zeltbahn zudecken.

»So«, grunzt Brettschneider, als der Tote zugedeckt auf dem Schlitten liegt, »hier bleibt er frisch. Begraben werden wir ihn morgen oder übermorgen.«

»Bleiben wir so lange hier?«, fragt einer.

»Ja«, antwortet Brettschneider, »ein paar Tage. Der Alte kratzt uns sonst ab, wenn wir ihn in der Kälte rumschleppen.«

Sie verlassen den Schuppen. In der Hüttenstube zählt Brettschneider die sechs Mann heraus, die mit Ski gelaufen sind.

»Ihr übernehmt die Wache«, sagt er in seiner bellenden Art. »Abgelöst wird stündlich. Wer sich einbildet, dass wir hier eine ruhige Kugel schieben können, ist auf dem Holzweg. Los! Kumpf und Schmitt, ihr zwei zieht zuerst auf.«

Keiner der sechs Mann macht ein erfreutes Gesicht.

Trotzdem ziehen sie wieder die Klamotten an und besprechen sich über die Wacheinteilung.

Erst jetzt kauert Alois Brettschneider im Wärmebereich des lustig prasselnden Feuers nieder und nimmt den Stahlhelm vom Kopf. Eine Halbglatze kommt zum Vorschein, um die ein Kranz brandroter, schweißnasser Haare klebt.

Brettschneider stülpt den Stahlhelm über das rechte, angezogene Knie, lehnt den Kopf an die Balkenwand und schließt die Augen. Es dauert nur wenige Sekunden, dann ist der stärkste Mann der vierten Kompanie eingeschlafen und schnarcht mit offenem Mund.

Ein längeres Verbleiben in der Blockhütte am See ist zwingend notwendig geworden.

Oberleutnant Müller geht es schlecht – ja, es sieht sogar so aus, als folge er in den nächsten Stunden dem in der vergangenen Nacht für immer davongegangenen Gefreiten Dengler. Das Fieber hält an, Regele liest mit besorgter Miene das Fieberthermometer ab.

40 und zwo Teilstriche! Am Spätnachmittag ist es auf 41 gestiegen. Müller brabbelt bereits unverständliches Zeug und hat das Verlangen, aufzustehen und die Kompanie zum Appell antreten zu lassen.

Es kostet Regele viele Mühe, den Fiebernden niederzuhalten und den letzten Vorrat an Chinintabletten, aufgelöst in einem Schluck Wasser, einzuflößen.

»Der schafft es nicht mehr«, murmelt Feldwebel Brettschneider und setzt sich auf den Bettrand nieder, beobachtet mit unbewegter Miene den Fiebernden. »Regele, was hat er eigentlich?«, fragt er den Sani.

»Todsicher 'ne Pleuritis.«

»Gibt's dafür auch ein deutsches Wort?«, ärgert sich Brettschneider.

»Dann sagen wir halt: Rippenfellentzündung, Herr Feldwebel.«

Brettschneider antwortet nicht, schaut nur nachdenklich auf den Fiebernden nieder und erhebt sich dann.

»Hast du noch Medikamente?«, fragt er den Sanitäter.

»Nischt wie 'n paar Nullachtfuffzehn-Tabletten und drei Tuben Ichthyolsalbe. Dann noch 'n Fläschchen Jod und drei Lagen Mullbinden.«

»Hm …«, macht Brettschneider und wendet sich ab.

Die Leute sind dabei, die Waffen zu reinigen. Man unterhält sich leise. Auf dem Kaminfeuer steht ein Dreibeinkessel, in dem ein Gemisch aus Kartoffeln und Grütze kocht. Die Großmutter steht vor dem Kochpott und rührt darin. Aus dem Bretterverschlag tönt das wimmernde Weinen des Kleinkindes. Es hat Hunger und verlangt nach Milch. Woher aber Milch nehmen? Kann ein Säugling den Fraß dort essen, der aus dem rußigen Kochtopf die Stube verstänkert?

In der Ecke neben dem Kamin bastelt schon seit dem frühen Morgen der Funker am Gerät herum.

»Na, was ist los mit dem Saukasten?«, fragt Brettschneider, zu Scholz tretend.

»Batterie scheint hin zu sein«, brummt Scholz. »Vollkommen im Eimer.«

»Wie kann das passieren?«, blökt Brettschneider in Wut geratend.

Scholz steht auf und nimmt eine stramme Haltung an. »Ich hab schon vor acht Tagen die Meldung abgegeben, dass ich eine neue Anode brauche, Herr Feldwebel.«

»Bau die alte aus und wärm sie an«, grunzt Brettschneider versöhnlicher.

»Bin eben dabei, Herr Feldwebel«, sagt Scholz und hockt sich wieder neben das Gerät.

Vielleicht sammelt sich die Batterie, wenn sie eine Weile in der Nähe des Feuers liegt. Das Funkgerät war noch die einzige Hoffnung für Brettschneider, und jetzt macht auf einmal die Batterie nicht mehr mit. Zum Kotzen ist das! Ausgerechnet jetzt muss die Batterie leer werden!

94

Das Kind schreit wie am Spieß. Die Soldaten grinsen sich an, andere schneiden Grimassen, als ginge ihnen das Kindergeplärr auf die Nerven.

Brettschneider steckt den Kopf in den Bretterverschlag. Nikitin hat das Kind im Arm, während der junge Bursche, Boris, versucht, dem Kind den in Zucker getauchten Zeigefinger in das aufgerissene Mündchen zu stecken.

»Hört das Geplärre nicht bald auf, he?«, ruft Brettschneider den beiden zu.

Iwan Nikitin überhört das und redet besänftigend auf das Kind ein. Aber Boris erhebt sich und kommt auf Brettschneider zu. Die großen, schönen Augen des Burschen richten sich furchtlos auf den Feldwebel, und dann sagt Boris mit seltsam weicher, klangvoller Stimme:

»Das Kind ist hungrig, Herr, und wir haben nichts zu essen.«

»Schafft was her, schafft was her«, grinst Brettschneider. »Auch wir brauchen etwas.«

»Es ist weit bis ins nächste Dorf«, sagt Boris. »Männer auf Schneeschuhen aber könnten den Weg an einem Tag schaffen.«

»Wie weit?«

»Gute Läufer schaffen es hin und zurück in zehn Stunden.«

»Und du meinst, dass wir in dem Dorf etwas bekommen könnten?«

»Vielleicht.«

Brettschneider zieht eine oftmals zusammengefaltete Karte aus der Meldetasche und winkt Boris mit dem Kopf.

»Macht Platz da«, knurrt Brettschneider die Männer am Tisch an und schiebt auseinander genommene Gewehrteile zur Seite, um die Landkarte auf dem Tisch auszubreiten.

»Also, wo liegt das Nest, und wie heißt es?«, fragt er den jungen Russen.

Sie beugen sich beide über die Karte. Dann schüttelt Boris den Kopf.

»Sasnowka ist ein kleines Dorf, Herr, ich sehe es nicht auf der Karte.«

Drüben im Bett stöhnt Oberleutnant Müller und wälzt sich herum. »Durst ... Durst ...!« Die weiteren Worte gehen in einem Lallen unter. Regele steht auf und schiebt sich zu der russischen Großmutter hin, reicht ihr einen Becher, in den die Alte wortlos warmen Tee mit einem Schöpflöffel eingießt.

»Spassibo, Matka«, murmelt Regele und kehrt zum Bett des Kranken zurück.

Brettschneider starrt verbissen auf die Landkarte. Er denkt nach. Soll er es riskieren, sechs Mann auf Skiern ins Ungewisse zu schicken? Wer garantiert dafür, dass in dem Dorf Sasnowka keine Partisanen, am Ende gar russische Truppen liegen? Aber es muss etwas geschehen. Die paar Kartoffeln und das kleine Säckchen mit Grütze reichen kaum für zwei Mahlzeiten.

Das Kind plärrt immer fordernder hinter dem Bretterverschlag. Von draußen erschallt das Geräusch eines Holzhackers. Towarisch Kokowkin schaut zu, dass der Kamin Nahrung bekommt. Ein großer Haufen Brennholz ist schon gehackt, und dem Alten ist warm unter der Jacke geworden. Der Schneesturm ist vorbei. Blasses Sonnenlicht liegt

96

über dem zugefrorenen See, und drüben ist wieder Wald, Wald und scheinbar nichts anderes als Wald.

Da poltern Schritte aus der Blockhütte. Als Towarisch Kokowkin sich umdreht, sieht er den groben Deutschen mit Boris herankommen.

Der Alte schlägt die Hacke in den gefrorenen Klotz und schaut den beiden entgegen.

»Einer von euch muss mit nach Sasnowka«, fängt Brettschneider in seinem guten Russisch an. »Bestimme du, wer mitgeht. Wir brauchen Verpflegung … wir und ihr auch.«

»Wollt ihr länger hier bleiben?«, fragt der Alte.

»Bis der Offizier fieberfrei ist«, antwortet Brettschneider.

»Er wird sterben«, murmelt Towarisch Kokowkin und blinzelt über das Weiß des zugefrorenen Sees. »Er wird bald sterben, wenn ihm nicht geholfen wird.«

»Kannst du helfen?«, fragt Brettschneider neugierig. »Hast du ein Mittel, das seine Krankheit vertreibt?«

Der Alte schweigt.

»Antworte – ich habe dich gefragt!«, poltert Brettschneider los.

Da nickt Towarisch Kokowkin und schnäuzt sich dann mit den Fingern in den Schnee.

»Ich werd's versuchen, Herr«, sagt er. »Viel Hoffnung habe ich aber nicht … der Offizier ist sehr krank.«

Towarisch Kokowkin will zur Blockhütte hinüber, aber Brettschneider hält ihn am Ärmel fest.

»Und wer geht mit nach Sasnowka?«

»Ich werde meinen Schwiegersohn mitschicken. Iwan Nikitin wird euch den Weg zeigen, er weiß ihn, und er muss für uns Nahrung mitbringen.«

»Gut.« Brettschneider grinst zufrieden. »Sag deinem Schwiegersohn, dass er sich fertig macht. Ich gebe ihm ein paar Schneeschuhe von uns.«

Iwan Nikitin sagt kein Wort, als er den Befehl bekommt, mit fünf deutschen Soldaten nach Sasnowka aufzubrechen, um dort Lebensmittel zu organisieren. Wortlos beugt er sich über das Kind, küsst es zart auf Stirn, Augen und Mund und nimmt dann Abschied von der Oma, von Boris und zum Schluss von Towarisch Kokowkin.

Inzwischen ruft Brettschneider die fünf Mann zusammen, die mit Iwan Nikitin nach Sasnowka laufen sollen.

»Schmitt, Kumpf ... dann der Täubler ... und du Brunkow! Lohmeier, du übernimmst den ganzen Haufen, verstanden?«

»Jawoll.«

»Lasst den Russen vorausgehen«, ordnet Brettschneider an. »Aber nur so weit, dass er sofort umfällt, wenn in Sasnowka etwas faul sein sollte. Kapiert?«

Lohmeier zwängt sich bereits in die Stiefel hinein und zerquetscht ein »Jawoll«.

»Und schaut zu, dass ihr rauskriegt, wo die Unsern liegen«, fährt Brettschneider in seiner Belehrung fort. »Schnappt euch ein paar Russen und schafft Fressalien her, falls es sich herausstellt, dass wir zu weitab vom Schuss liegen. Lohmeier, ich hoffe, dass du weißt, worum es jetzt geht.«

»Is klar, Herr Feldwebel.«

»In zehn Stunden könnt ihr zurück sein, sagt der Kerl dort.« Brettschneider deutet mit dem Kopf auf Boris, der sich über den keuchenden Oberleutnant beugt und ihm die flache Hand auf die Stirn legt. »Beeilt euch und lasst die Weiber in Ruhe. Das könnt ihr alles nachholen, wenn wir wieder beim Haufen sind. Und los jetzt. Macht's gut, Männer!«

Brettschneider klopft jedem auf die Schulter. Dann trudeln die fünf abkommandierten Männer hinaus, schnallen die Skier an, rucken den Karabiner quer über den Rücken und winken dem großen Russen, der die Spitze des Trupps übernehmen soll.

Unter der Tür des Blockhauses stehen die Kameraden.

»Bringt Wodka mit!« ... »Bleibt nicht zu lange!« ... »Paar Schnucken herschaffen!«

Sie winken und lachen. Bald taucht der kleine Trupp über den See gleitender Gestalten am jenseitigen Ufer unter. Der Wald nimmt sie auf. Nichts bleibt von ihnen zurück als eine quer über den zugefrorenen See führende Spur.

Die anderen kehren in die vermiefte, aber warme Stube zurück. Nur Brettschneider bleibt im Freien. Langsam geht er in den Schuppen. Der magere Gaul hebt schnuppernd die Nüstern. In der dunklen Ecke steht der Schlitten, auf dem eine lang gestreckte Gestalt liegt, zugedeckt von einer steifen Zeltplane.

Niemand sieht es, dass Feldwebel Alois Brettschneider die Feldmütze vom Kopf nimmt und eine Weile stumm vor dem Toten steht. Dann geht ein ärgerlicher Ruck durch die untersetzte Gestalt des

Mannes; er setzt die Feldmütze auf, drischt dem Gaul eine aufs Hinterteil und geht wieder aus dem Schuppen.

Bevor Brettschneider in die Blockhütte tritt, schaut er noch einmal über die glatte, weiße Fläche, auf der sich eine schmale Skispur hinzieht.

»Schmitt, Kumpf, Täubler, Brunkow und Lohmeier ...«, rekapituliert Brettschneider noch einmal, nickt vor sich hin und geht dann in die Blockhütte hinein.

Die Tür schließt sich leise und behutsam.

Alle Blicke sind auf das Bett gerichtet, in dem Oberleutnant Müller sich herumwälzt. Regele steht neben dem alten Kokowkin. Drüben am Kamin plätschert heißes Wasser in einen Holzzuber.

Da beugt sich der alte Kokowkin über die fiebernde Gestalt und legt ihr die Hände auf die Stirn.

Die Menschen in der Hüttenstube halten den Atem an und schauen zum Bett hinüber. Was geht dort vor? Was murmelt der alte Russe? Sind es Beschwörungsformeln, die eine Krankheit austreiben sollen?

Auch Brettschneider steht am Fußende des Bettes und verfolgt alles mit gleichgültigem Blick.

Towarisch Kokowkin murmelt noch immer und hat seine schmutzigen Hände auf der schweißnassen Stirn des Kranken liegen. Die Bewegungen Müllers werden langsamer, sie erschlaffen unter den gemurmelten Worten. Als der alte Kokowkin dann die Hände zurückzieht, liegt Müller wie im tiefen Schlaf da.

Es ist plötzlich ganz still geworden in der Blockhütte. Nur das Feuer prasselt unter dem rußigen Dreibeinkessel. Das hungrige Kind scheint eingeschlafen zu sein.

Jetzt schlägt der alte Kokowkin die Decken zurück. Regele hilft mit, dem Oberleutnant die Uniform, die Fellweste, das Hemd auszuziehen. Mit nacktem Oberkörper liegt Müller auf der Decke; er scheint zu schlafen. Tief und fest. Die haarige, kräftige Brust hebt sich in ruhigen Atemzügen.

Brettschneider lehnt an der Wand und überkreuzt die Arme. In den hellen Augen des Mannes funkeln Neugier und Spannung. Auch die anderen recken die Hälse und drängeln heran. Brettschneider aber scheucht sie mit einer einzigen Handbewegung zurück.

Der alte Kokowkin spricht flüsternd mit Boris. Worauf der junge Russe nickt und die Stube verlässt. Gleich darauf kommt er mit einem zweiten Zuber zurück, in den Schnee eingeschaufelt ist.

Ein paar Männer schütteln die Köpfe und stoßen sich an. Jemand flüstert, wird dann aber mit einem gebietenden Zischlaut zum Schweigen gebracht.

Towarisch Kokowkin beginnt mit seiner seltsamen Heilbehandlung, von der sich keine Schulweisheit etwas träumen lässt – eine Kur, die auf Biegen oder Brechen geht. Aber Towarisch Kokowkin ist alt und erfahren; er weiß, wie man Krankheiten austreibt, er kennt hunderte Mittel.

Stumm geht ihm der junge Bursche zur Hand. Erst werden dampfend heiße Lappen auf die Brust des Kranken gelegt. Dann folgt eine Einreibung mit Schnee. Und so geht es über zwei Stunden lang. Der

101

Kranke ächzt und stöhnt, bäumt sich auf, legt sich ermattet wieder flach.

Sie drehen ihn um und legen ihn auf den Bauch. Die Lappen dampfen auf der Haut, der Schnee schmilzt unter den massierenden Händen des alten Russen.

Alexei Kokowkin schwitzt und stöhnt genauso wie der Kranke. Nasse Hitze wechselt mit steifer Schneekälte. Hält das ein Mensch aus? Ist es nicht Mord, was hier geschieht?

Erregung fällt über die starrenden Männer her. An der Holzwand lehnt Feldwebel Brettschneider und stößt den Atem durch die Nase, als müsse er jeden Augenblick losbrüllen und den alten Russen am Kragen packen, um ihn hochkantig aus der Hütte zu feuern.

Nur Regele schaut mit wachem Interesse der Kur zu. Vielleicht lernt der Sani dabei. Jedenfalls wird er später einmal ausgiebig darüber reden können, wie Russen einen Mann auskurieren, der eine hübsche Lungen- und Rippenfellentzündung hat.

Die Großmutter sitzt am Kamin und betet. Sie weiß nichts anderes zu tun. Sie hat dem Kind Kaschasuppe eingeflößt, damit es schläft. Und Boris, der großäugige russische Junge, schleppt die Zuber mit Schnee und heißem Wasser hin und her.

Immer langsamer werden die Bewegungen des alten Kokowkin. Schweiß rinnt ihm über das Runzelgesicht in den weißen Bart. Dann ist die Kur beendet.

Ächzend richtet sich der Alte auf und sucht mit müdem Blick den Mann an der Holzwand.

»Pan Offizier wird jetzt schlafen«, murmelt der alte Russe zu Brettschneider hinüber. »Deckt ihn gut zu ... er muss weiterschwitzen.«

Brettschneider übersetzt die Anweisung des alten Russen an Regele, und dieser sammelt alles ein, womit man einen Kranken zudecken und zum Schwitzen bringen kann.

Die Männer setzen sich wieder und schwatzen leise über das Gesehene. Mancher Seitenblick huscht zu dem alten Kokowkin hinüber, der sich tief über den Kranken beugt und dessen Gesicht betrachtet.

»Dös hält ja 's stärkste Ross net aus, was der Russki mit unserem Alten g'macht hat«, meint der Soldat Graninger zu seinem Nachbarn.

»Vielleicht hilft's«, sagt der andere.

Der junge Russe führt den Alten vom Bett fort. Sie verschwinden hinter dem Bretterverschlag.

Erschöpft lässt sich Alexei Kokowkin auf den Boden sinken. Er betrachtet seine krebsroten Hände. Sie sind angeschwollen und zittern wie Espenlaub.

»Wird er wieder gesund?«, fragt Boris den alten Mann.

»Er wird, wenn das Herz stark ist«, murmelt Kokowkin. Dann lässt er sich mit einem leisen Ächzen zurücksinken.

Der junge Bursche beugt sich über den Alten.

»Väterchen ...«, flüstert er und streichelt das Runzelgesicht, »du bist so gut. Sie lohnen es dir aber nicht, es sind unsere Feinde.«

Alexei Kokowkin schließt die Augen und faltet die Hände über der Brust.

»Gott lehrt, dass wir alle lieben müssen«, sagt er

mit müder Stimme. »Deshalb habe ich den Offizier behandelt.«

»Ich liebe sie nicht«, flüstert Boris ganz nah vor dem alten Gesicht. »Ich hasse sie! Sie sind an allem schuld, und du, Väterchen, gehst zu ihnen und hilfst, ihren Anführer gesund zu machen!«

Kokowkin blinzelt erst mit einem Auge in das junge Antlitz empor, dann mit dem zweiten. Ein Lächeln huscht über das bärtige Altmännergesicht.

»Du bist jung, und ich bin alt. Ich kenne die Menschen besser als du. Keiner ist wirklich böse. Sie werden nur zu Bösen gemacht. Wir haben Krieg, Boris, das ist eine schlimme Zeit, in der die Menschen Gott vergessen. Auch die Unsern haben ihn vergessen. Genau wie die andern, die dicht neben uns sitzen und auf die Suppe warten, die ihnen gekocht wird. Sie essen unsere Suppe, Boris, unser Brot, sie atmen dieselbe Luft wie wir, und sie sind ebenso hoffnungslos, wie wir es sind. Alle warten auf die bessere Zeit. Es sind Menschen wie du und ich.«

Alexei Kokowkins Worte sind in ein Murmeln hinübergeschwommen. Seine Lider sind über die müden Augen gefallen. Rot und aufgedunsen liegen die Hände auf der Brust. Gefaltete Hände, die Gutes getan haben, weil Alexei Kokowkin an Gott glaubt.

Boris schaut auf den alten Mann nieder. Immer tiefer neigt er sich ihm zu. Die Fellmütze gleitet ihm vom Kopf, und mit einem Mal flutet dichtes schwarzes Haar über das junge Gesicht – Haar, wie es nur Frauen tragen: herrliches, bläulich schimmerndes, seidenweiches Haar.

»Väterchen«, flüstert Boris, der ein Mädchen ist –

ein Mädchen, das sich aus Angst vor den Feinden in Männerkleidung geflüchtet hat, das sich einen Männernamen zulegen musste. Karinka Kokowkinowa heißt sie, die 21-jährige Tochter des alten Kokowkin.

»Väterchen«, haucht sie zum zweiten Mal, aber Väterchen antwortet nicht. Alexei Kokowkin, der Menschenfreund, ist eingeschlafen.

Jemand tritt in das kleine, düstere Gemach. Hastig greift Karinka nach der Fellmütze und lässt das Haar darunter verschwinden. Aber es ist nur die Großmutter, die mit einem Napf Kascha kommt. Und draußen klappern die Kochgeschirre, reden die Deutschen leise miteinander und löffeln das geschmacklose Essen, ohne darüber viel nachzudenken, warum sie essen dürfen.

Die Nacht ist über die Tundra gesunken – eine helle, frostklirrende Nacht, in der das Schweigen der Ewigkeit ruht. Unter den mächtigen Bäumen kauert die Blockhütte. Die Fensterläden sind dicht verschlossen, sodass kein Lichtschein herausfallen kann. Rings um die Hütte ist ein schmaler Trampelpfad entstanden, den die beiden Wachposten für ihre Runden benützen.

Der Schnee jammert unter den Schritten der beiden langsam patrouillierenden Gestalten. Graninger und der Gefreite Blumberger sind auf Doppelposten gegangen. Drinnen in der Hütte ist alles ruhig. Dünner Rauch steigt aus dem vom Schnee befreiten Schornstein.

Unter den Bäumen angekommen, bleiben die beiden Posten stehen.

Graninger zerrt an dem steif gefrorenen Kopf-
schützer, der ihm das Kinn wund gescheuert hat.

»Sag selber, Gustl – san wir net ziemlich bedep-
pert dran?«

»Du merkst aber auch alles«, brummt der andere.
»Mir ist's aber lieber so, als mit durchgeschnitt'ner
Gurgel in Charkowka zu liegen.«

»Net allen schneiden s' die Gurgel ab«, erwidert
Graninger halblaut, da jedes Wort auf weite Entfernung hin zu hören ist. »Oder denkst eppa, der Iwan
hat koane Gefangenenlager net?«

Blumberger versucht, dem anderen in die Augen
zu schauen, aber es ist zu duster, und der Stahlhelmrand verdeckt die obere Gesichtshälfte des Sprechers
fast völlig.

»Hast du vielleicht Lust, dich gefangen nehmen
zu lassen?«, forscht Blumberger.

»Jedenfalls versuch ich mir vorzustellen, wie's
wär, wenn's so wär, Gustl. Wo ist denn die Front, ha?
Wo san denn die liab'n Kamerad'n? Niemand kann's
sagen – net amol der Oberleutnant, und noch weniger der großmäulige Brettschneider-Alois. Aber ich
woaß, wo ma san, Gustl: am Arsch der Welt, jawoll!
Der Bart is ab, mei liaber Freind.«

»Pssst …«, zischelt Blumberger, »nicht so laut.«

Graninger senkt seine unwillkürlich lauter gewordene Stimme zu einem beschwörenden Geflüster.

»Mir schwant's, die fünf kommen nimmer z'ruck,
Gustl. Ich könnt wetten, dass die irgendwo abge-
murkst werd'n. Der Russ führt sie bestimmt in
aan Hinterhalt, sag ich dir. Der hat aan Rochus auf
uns, das ist doch klar. Warum ist denn unser Herr

Obermacher riet abmarschiert, der Brettschneider-Alois, ha?«

»Der vertritt doch den Alten«, erinnert Blumberger und trampelt wie ein Bär auf der Stelle.

»Auf die Vertretung könnt' ich gut und gerne verzicht'n«, fährt der Graninger fort. »Was gibt's denn schon zu vertreten, ha? Nix. Die paar Hansln, die von unserm Haufen übrig geblieb'n san, werden sich schon no einig werd'n, was z' macha ist. Net mehr viel, sag ich dir. Der Krieg ist aus für uns, seit wir Charkowka geräumt hab'n.«

»Halt bloß deinen Rand, und lass deine Meinung nicht den Brettschneider hören, Emil. Der stellt dich kurzerhand an den nächsten Baum und legt dich wegen Zersetzung der letzten Wehrkraft um.«

Graninger spuckt aus. »Der Bazi, der elendige! Der denkt noch all'weil, er könnt sich …« Graninger bricht ab, da drüben beim Blockhaus die Tür aufgegangen ist und eine Gestalt heraustritt.

»Geh'n ma weiter«, murmelt Graninger.

Und die beiden Posten setzen sich wieder in Bewegung. Der Schnee knirscht unter den Schritten, der Atem gefriert vor dem Mund, die ewigkeitsnahe Stille der Natur ist ringsum.

Boris Kokowkin hat die mit schnarchenden Gestalten voll gepfropfte Stube verlassen. Die Deutschen schlafen. Die Verwundeten stöhnen und ächzen. Zum Schneiden dick ist die Luft in der Hütte, und neben dem knisternden Kaminfeuer hockt der glatzköpfige Klotz von einem uniformierten Scheusal und studiert die Landkarte.

Mit untergeschlagenen Armen lehnt Boris, alias

Karinka Kokowkinowa, am Türpfosten und kämpft mit der ganzen Bitternis, die ihre Seele bedrückt. Väterchen hat sich die Hände verbrannt, hat den fiebernden Offizier in die Kur genommen, hat ihm Güte angedeihen lassen. Menschenliebe? Pah, was für ein Wort in diesen Zeiten! Es gibt keine Menschenliebe mehr. Fjodor ist erschossen worden, Mark, Petr, die ihre Heimat liebten. Und jetzt ist Iwan Nikitin mit den Deutschen fortgegangen. Ins Ungewisse. In den Tod vielleicht.

Das Kind wimmert im Körbchen. Die Mutter ist tot, der Vater wird auch nicht wiederkommen. Karinka, das Mädchen im unförmigen Russenkittel, ahnt Schreckliches. Immer kommt Unheil über die Menschen, wenn die Deutschen auftauchen und mit ihren harten Gesichtern durch die Fenster in die Stuben schauen.

Welch eine Zeit! Ohne Hoffnung ist sie, ohne Liebe. Nur die Angst regiert, die nackte Gewalt.

»Iwan …«, flüstert das Mädchen und schließt die Augen, lehnt den Kopf an den Türpfosten und spürt die Kälte nicht, die aus der blauen Nacht herankriecht. »Iwan … du kommst nicht wieder …«

Wie seltsam. Karinkas trübe Ahnungen erfüllen sich zur Stunde. Sechs Gestalten nähern sich dem winzigen Dorf Sasnowka. Kein Licht verrät, dass Menschen in den wenigen Häusern wohnen, kein Hund schlägt an. Das große Schweigen hüllt das Land und das Dorf ein.

Keuchend arbeiten sich die sechs Männer an den Dorfrand heran. Vorneweg zieht Iwan Nikitin die erste Spur in den Schnee.

108

»Stoj!« Der Russe hebt den Arm, schiebt den Kopf vor und horcht.

Nichts rührt sich. Wie ausgestorben, von Gott und der Welt vergessen, kauert das Dorf in der Weite.

»Ist das Sasnowka?«, fragt Täubler den Russen.

»Es ist es, Cherrr«, murmelt Iwan.

»Warum gehst du nicht weiter?«

»Lieberrr umkehren, Cherr«, flüstert Iwan und schnuppert in Richtung des Dorfes; er riecht Benzin, riecht die Ausdünstungen von Fahrzeugen. In Sasnowka aber gab es sonst keine Benzinfahrzeuge. Also muss dort etwas los sein. Truppen. Aber keine deutschen, sondern eigene. Ist es da gut, mit fünf Deutschen anzukommen und nach Lebensmitteln zu suchen?

»Weiter …«, murmelt Täubler, und auch die andern drängen zum Weitergehen.

»Militär in Sasnowka«, warnt Iwan. »Lieberrr umkehren!«

»Militär? Die Unsern vielleicht?«, fragt Brunkow und dreht sich nach den anderen um. »Die Unsern müssen das sein, Kumpels!«

»Geht weiter!«, ruft Kumpf, der am Schluss des kleinen Trupps läuft. »Dammich, macht doch schon, sonst frier'n wir an!«

»Lieberrr nicht, Cherr«, bittet Iwan.

»Los, mach weiter, du feiger Sack!«, schimpft Täubler und versetzt dem Russen einen Stoß.

Die Skier rascheln durch den lockeren Schnee. Die ersten Häuser von Sasnowka werden größer. Und auf einmal ist der Trupp am Dorfeingang angelangt.

Auf der Straße zwischen den niedrigen Häusern

stehen dunkle Schatten, kastenförmig anzusehen. Von ihnen her weht der Geruch von ausgelaufenem Öl und Sprit. Ja, es sind Militärfahrzeuge. Sicherlich deutsche!

»Stoj!«, ruft plötzlich eine raue Stimme, und schon wachsen drei, vier Gestalten aus dem Schlagschatten des ersten Hauses hervor.

»Russen!«, ertönt der erschreckte Ruf. »Russen sind's. Bloß weg!«

Die sechs Gestalten reißen die Skier herum.

»Stoj!«, brüllt es noch einmal. Dann krachen schon die Schüsse. Iwan Nikitin wirft die Arme hoch und kippt zur Seite weg. Noch eine Gestalt, eine dritte.

»Hilfe!«, ächzt Täubler und krümmt sich im Schnee, versucht, aufzustehen. »Nehmt mich mit, Kameraden! Hilfe!«

Aus dem Dorf wird geschossen. Rasend schnell fallen die Schüsse. Die vierte Gestalt sinkt zusammen, die fünfte. Dann die Letzte. Brunkow ist es.

In Sasnowka ist es lebendig geworden. Russische Soldaten lösen sich vom Dorfrand und waten in den Schnee hinaus. Noch zweimal patschen Pistolenschüsse und löschen das letzte Leben aus, das noch um Gnade gebettelt hat.

Fremde Laute schwirren durcheinander. Heiseres Lachen ertönt. Man schleift die sechs Toten ins Dorf und legt sie nebeneinander in den Schnee. Ein Kommissar leuchtet sie ab. Als der Lichtkegel das Gesicht des Iwan Nikitin abtastet, ertönt ein hässlicher Fluch, und der Mann hinter der Taschenlampe versetzt dem Toten einen Tritt.

Kalt und unberührt blinzeln die Sterne vom Himmel herab und erhellen die Nacht.

Boris ist in die warme Stube zurückgekehrt. Vorsichtig steigt er über die zusammengepfercht daliegenden Soldaten. Sie schlafen. Drüben in der Ecke stöhnt der Soldat Lankowitz und verflucht die tobenden Schmerzen im rechten Schulterblatt; er wälzt sich herum, er knirscht mit den Zähnen.

»Sani!«

Aber Regele schläft wie ein Toter am Kopfende des Bettes, in dem Oberleutnant Müller liegt. Müller schläft ebenfalls. Sein Atem geht ruhig und gleichmäßig.

Der Verwundete in der Ecke zieht den Kopf ein und bewegt die Lippen in einem lautlosen Selbstgespräch.

Boris Kokowkin hat das Bett des Offiziers erreicht, setzt sich langsam auf die Kante nieder und schaut prüfend in das ausgemergelte Männergesicht, in dem ein wüster Stoppelbart Kinn und Wangen bedeckt; blonde Bartstoppeln. Schweißnasses Blondhaar klebt dem Kranken auf der Stirn.

»Was ist das für ein Mensch?«, denkt Boris. »Woher stammt er? Wer ist seine Mutter? Wer sein Vater? Hat er eine Frau, die jetzt an ihn denkt? Kinder, die mit einem Gebet für den Vater eingeschlafen sind?«

Die samtdunklen Augen Boris' wandern von dem Krankengesicht weiter und erreichen die Uniform, die als Zudecke benützt wird. Da glänzt etwas darauf. Ein rundes Ding aus Gold. Eine Auszeichnung.

Boris wölbt geringschätzig die vollen Lippen.

111

Auszeichnung für Mord! Wie viele hat dieser Offizier schon auf dem Gewissen? Er ließ doch Fjodor und die anderen beiden erschießen! Und viele noch, die er erschießen ließ und erschossen hat! Dafür hat man ihn ausgezeichnet.

Am Kaminfeuer raschelt etwas. Der glatzköpfige Feldwebel bewegt sich. Er hockt mit dem Rücken an die Wand gelehnt neben dem Feuer. Die Landkarte rutscht ihm vom Schoß. Der Glatzkopf mit dem Kranz roter Haare sinkt auf die Schulter des Schläfers.

Der ist schlimmer als alle zusammen hier, denkt Boris. Das ist ein Wolf, der jeden beißt und zerreißen will. Wölfe muss man töten. Aber ich bin zu schwach, um diesen Wolf zu töten. Ich habe keine Waffe, hätte nur das Brotmesser, und das trägt Väterchen bei sich.

Der Kerzenstummel, der das spärliche Licht über die vielen Gestalten verstreut, tropft und brennt ganz ruhig. Hinter dem Bretterverschlag ist es auch still. Das Kind schläft in den Armen der Großmutter, und die Großmutter hat sich an Väterchen geschmiegt, um sich wenigstens nach einer Seite hin zu wärmen.

»He …«, flüstert eine Stimme aus dem Winkel; es ist der kopfverwundete Soldat Heine. Der weiße Verband schimmert im Dunkel, ein struppiges Leidensgesicht schaut darunter hervor, zwei fiebrige Augen. »He, du … Russki! Wasser … Durst!«

Boris rührt sich nicht. Was geht es ihn an, ob der Verwundete Durst hat?

»Ich hab solchen Durst …«, greint Heine, »und niemand gibt mir was zu trinken.« Heine wischt mit der Hand über die Augen; er weint – weint, weil der Kopf zum Zerplatzen schmerzt und der Durst die Kehle zusammenschnürt, weint, weil alles so scheußlich hoffnungslos ist. Ihr geht alle kaputt, hat der sterbende Dengler geröchelt. Und Dengler liegt noch immer als knochenhart gefrorene Leiche im Schuppen, auf dem Schlitten, zugedeckt mit der Zeltplane, an der der zottige Gaul manchmal schnuppert und dann wiehernd den Kopf zurückwirft.

Jetzt ist alles still. Auch Heine scheint zu schlafen. Ein paar Schnarcher sägen Träume von einem gedeckten Tisch und sonnigen Heimatgegenden kaputt. Der Mief verdichtet sich. Das Kaminfeuer züngelt an einem großen Holzklotz herum. Die Kälte schleicht durch das Dachgebälk des Blockhauses am See.

Boris Kokowkin fühlt sich nicht mehr als Mädchen.

Sie will auch keins sein. Solange die Deutschen in der Nähe sind, wird sie Männerkleidung tragen, denn Karinka hat gehört, wie es Frauen ergangen ist, hat Schauergeschichten vernommen, die ihr jene Angst eingeflößt haben, die ihr gebot, Männerkleidung anzuziehen.

Karinka Kokowkinowa ist das letzte Kind der Eheleute Alexei und Anne gewesen. Die Mutter ist schon vor Jahren gestorben. Väterchen Alexei hat auch das hingenommen, ohne zu jammern. Steht alles in Gott, hat er gesagt, hat geweihte Kerzen vor dem Heiligenbild angezündet und die Familie für die verstorbene Mutter beten lassen. Karinka, die Jüngste, will aber nicht mehr an Gott glauben, seit der

Krieg durchs Land braust und die Menschen wie
Kaninchen zusammengeschossen werden. Karinka
glaubt auch nicht mehr an das Wort Liebe, obwohl
sie es schon halb und halb kennen gelernt hat. Iwan
Nikitin war für sie der Mann ihrer geheimsten Träume. Iwan Nikitin, der Mann ihrer Schwester. Ihn hat
sie insgeheim bewundert, ihn hat sie gern gesehen.
Deshalb hat sie auch Fjodor an der Hand zurückge-
halten, als er auf Iwan Nikitin zustürzen wollte, um
ihn zu umarmen. Und keiner hat den Jammer gemerkt, der über Karinka gekommen ist, als man Fjodor hinausstieß und bald darauf die Schüsse der
Mörder knatterten.

Hunde, Schweine, räudiges Volk, hat Karinka ge-
knirscht, als Väterchen die Seinen hieß, niederzu-
knien und für die armen Seelen zu beten, die vor den
Schneegräben der Deutschen umgebracht wurden;
Tränen sind in jener Nacht geflossen und Flüche gemurmelt worden.

Nimmt's Wunder, dass Karinka Kokowkinowa in
dieser Nacht hassvolle Blicke auf die schlafenden
Feinde wirft? Sie sitzt nur deshalb am Bett des kranken Offiziers, weil Väterchen es so will. Seine Heil-
kunst war wieder so ein unsinniges Geschenk an die
Feinde. Keiner ist es wert, dass man gut zu ihnen ist.
Auch der nicht, an dessen Bett sie sitzt!

Sie schaut auf ihn nieder und forscht in dem strup-
pigen Gesicht. Es schwitzt noch immer. Tiefe Schatten liegen unter den Augen. Der Mund des Kranken
steht halb offen, und der Atem entflieht in auffallend
ruhigem Gleichmaß.

Lange schaut Karinka den Offizier an. Nur der

Kopf schaut aus den Decken und Uniformstücken heraus – ein schmales, verhungertes Leidensgesicht.

Da erschrickt Karinka.

Er sieht Iwan ähnlich, fährt es ihr durch den Sinn. Er hat dasselbe Gesicht wie er. Die Bartstoppeln sind blond. Das schweißnasse Haar, obwohl jetzt gedunkelt von der Nässe, ist genauso dicht und lockig wie das Iwans. Und noch etwas hat Karinka festgestellt – schon vor Tagen, als der Offizier in die Stube kam und Iwan das Verbandszeug gab: Der Offizier hat dieselben Augen wie der Schwager. Blaue, tief in den Höhlen liegende Augen.

Karinka wollte das nicht wahrhaben, aber jetzt, wo sie in aller Ruhe die Blicke über das Gesicht gehen lassen kann, drängt sich ihr die Gewissheit auf, dass Iwan und der deutsche Offizier sich ähnlich sehen.

Wie seltsam, wie verwunderlich!

Karinka beugt sich tief über das schlafende Gesicht des Offiziers. Jeden Zug in diesem Antlitz vergleicht sie. Immer stärker wird die Gewissheit, dass er Iwan ähnlich sieht. Feinde sehen sich ähnlich?! Zwei Menschen, geboren in verschiedenen Ländern?

Karinka schüttelt verwundert den Kopf.

Plötzlich schlägt Müller die Augen auf.

Von innen heraus kommt der Blick – aus Gefilden, in denen alles vernebelt und verschwommen war. Was ist das für ein Gesicht, in das er schaut? Wem gehört es? Zwei dunkle Augen fangen ihn auf, zwei forschende, stark glänzende Augen, mit langen, schwarzen Wimpern, darüber eine Stirn, die in einer Pelzmütze verschwindet.

Immer klarer wird das Bild, das Müller wahrnimmt. Himmel, er kennt doch dieses Gesicht, er hat es schon oft gesehen!

Müller dreht den Kopf zur Seite.

Verwundert schaut er in den trüb erhellten Raum. Da liegen ja schlafende Gestalten! Das sind doch seine Soldaten, seine Männer! Und der dort drüben, am Kaminfeuer, das ist der Brettschneider! Aber was ist das für ein fremder Raum? Was ist inzwischen geschehen?

Müller will sich aufrichten, aber der junge Russe drückt ihn mit einer raschen Bewegung zurück.

Ich habe kein Fieber mehr, stellt Müller fest. Ich fühle mich so leicht, so ausgeruht. Was war denn bloß mit mir?

Wieder hakt sich sein Blick in den großen, dunklen, etwas schräg im Gesicht stehenden Augen des jungen Russen fest.

»Bist ... bist du nicht ...« Müller kann nicht weitersprechen; die Zunge ist so schwer, liegt geschwollen und trocken wie ein Stück Leder im Hals.

Er schluckt einmal ... noch einmal. Der Halsknorpel springt aufgeregt auf und nieder.

Da erhebt sich Boris Kokowkin und steigt über die schlafenden Gestalten hinweg, um eine Schale lauwarmen Tee zu holen.

»Brettschneider!« Der matte Ruf kommt vom Bett herüber. Müller hat sich auf die Ellenbogen aufgerichtet. »Brettschneider!«

Am Kamin regt sich die Gestalt des Feldwebels. Brettschneider schaut zu Müller hinüber.

»Brettschneider, kommen Sie her zu mir.«

116

Brettschneider rappelt sich hoch, dehnt sich, gähnt und steigt über die Kameraden hinweg zum Bett des Kompaniechefs hinüber.

Boris steht noch am Kamin und hält die gefüllte Schale in der Hand, ohne sie dem Offizier zu bringen.

»Na? Wie geht's?«, fragt Brettschneider den Kompaniechef.

Müller sinkt auf den Rücken zurück, und Brettschneider deckt ihn sorgsam bis zum Hals hinauf zu.

»Fühlen Sie sich besser, Herr Oberleutnant?«

»Ja ... es geht. – Was war denn los mit mir, sagen Sie doch?«

»Abgebaut haben Sie«, grinst Brettschneider. »Wir haben inzwischen 'n bisschen Stellungswechsel gemacht. Der Russe hat Charkowka genommen. Wir hocken jetzt in einer Blockhütte irgendwo jwd im schönen großen Sowjetrussland.« Müller schluckt krampfhaft die Kehle feucht. Das Sprechen fällt ihm schwer, aber der scheußliche Schmerz in der Brust und im Rücken ist verschwunden.

»Charkowka ... verloren?«, fragt er.

Brettschneider nickt.

Sie schweigen. Ringsum wird geschnarcht. Am Herd steht noch immer Boris mit der Teeschale in der Hand.

»Brettschneider, wie viele sind wir noch?«, fragt Müller.

Brettschneider zieht das Notizbuch, schlägt es auf, blättert darin und sagt dann:

»Mit Ihnen und mir noch 28, Lohmeier, Schmitt, Kumpf, Täubler und Brunkow sind unterwegs, um Verpflegung zu organisieren. Der Russe Nikitin ist mitgegangen ... nach Dingsda ... äh ...« Brettschneider schaut zum Kamin hinüber. »He, du, wie heißt das Nest, wo unsere Leute hin sind?« Er hat es auf Russisch gerufen.

»Sasnowka«, sagt Boris und kommt mit der Schale Tee herüber.

»Gib her«, knurrt Brettschneider und nimmt Boris den Trunk ab. »Hier, Herr Oberleutnant, trinken Sie Tee, riecht ganz anständig.«

Müller richtet sich auf und trinkt die Schale leer. »Danke ...«, ächzt er dann und lässt sich zurückfallen. Und leise fügt er hinzu: »Spassibo.«

Boris nimmt die Schale von Brettschneider entgegen, dreht sich um und geht zu den Seinen, die hinter dem Bretterverschlag ruhen.

Von dort aus hört Boris die Unterhaltung der beiden. Er versteht die Sprache nicht, in der gesprochen wird, aber er weiß, dass von Iwan Nikitin und den fünf Deutschen die Rede ist.

»Wann ... wann sind die Leute ... abmarschiert?«, murmelt Müller, schon halb hinüber.

»Kurz vor zwölf war's«, sagt Brettschneider und zieht die Taschenuhr. »'ne Strecke von rund 40 Kilometern wird's sein, die sie durchlaufen müssen. Ich hab mir ausgerechnet, dass sie in zehn Stunden hin und zurück sein könnten ... Wenn alles gut geht«, fügt er hinzu und schaut auf Müller.

Der ist wieder eingeschlafen. Er ist noch zu schwach. Die Gewaltkur mit den heißen Lappen und dem Schnee hat ihn restlos fertig gemacht.

Brettschneider zieht die Taschenuhr auf und schiebt sie dann unter den Uniformrock.

Drüben im Eck stöhnt der Beinverwundete. Brettschneider runzelt sorgenvoll die Stirn, erhebt sich
und steigt über die schlafenden Gestalten hinweg.

»Herr Feldwebel«, flüstert jemand.

»Was ist, Köhler? Schmerzen?«

Der Beinverwundete richtet sich auf. »Ich halt's
kaum aus.«

»Beiß die Zähne zusammen, Köhler.«

»'s nützt nichts, Feldwebel, die Schmerzen machen mich verrückt. Ich krieg den Brand rein … ich
spür's doch. Der Sani soll herkommen.«

»Der kann dir jetzt auch nicht helfen.«

Köhler sinkt mit einem Ächzen zurück.

»Wie soll denn das weitergeh'n, wie soll das bloß
weitergeh'n«, murmelt er.

Brettschneider zuckt die Achseln und tritt zum
Kamin, legt zwei Holzklötze nach und starrt in die
rote Glut.

Ja, wie soll's weitergehen? Die Lage sieht ziemlich
belämmert aus. Wie viele sind es denn noch, mit denen man rechnen kann?

Brettschneider überzählt die schlafenden Gestalten. 23 sind es. Fünf davon verwundet. Blieben noch
18 Mann. Den Oberleutnant muss man natürlich
auch abrechnen, der kommt vor 14 Tagen nicht
hoch. Bleiben 17 Mann. 17 von einstmals 120. In
Charkowka waren es noch 42.

Brettschneider hockt neben dem Feuer und nagt an
der feisten Unterlippe. Er denkt an die fünf Mann, die
mit dem Russki nach Sasnowka gelaufen sind. Wenn
denen etwas passiert sein sollte … verdammt, verdammt! Aber vielleicht kommen sie noch, vielleicht

haben sie in Sasnowka Weiber und Wodka gefunden. Der Lohmeier ist ja bekannt, dass er nicht nur organisieren, sondern auch ... Na ja, sollen sie! Hauptsache, sie kommen wieder und bringen Proviant mit.

Brettschneider denkt an die beiden Posten, die draußen ihre Runden machen; er schiebt sich hoch, zieht den Mantel an, schnallt um und geht hinaus.

Grimmige Kälte schlägt ihm entgegen. Die Nacht ist hell und lautlos.

Da knirscht der Schnee unter gleichmäßigen Schritten. Die Gestalten der Posten tauchen auf.

»Keine besondern Vorkommnisse«, meldet Blumberger mit dumpfer Stimme.

»Bloß saukalt is«, brummt Graninger hinter dem Mundschützer. »Der Rotz g'friert ein'm unter der Nas'.«

»Geht rein und weckt die Ablösung«, sagt Brettschneider.

Plötzlich horchen die drei.

In der Ferne ertönt ein lang gezogenes Heulen. Dann noch einmal.

»Dös san Wölf'«, flüstert Graninger erregt. »Wölf' san's, die geheult haben. Sakra, sakra, jetzt glaub ich 's erst, dass ma in Russland san.«

Die beiden Posten trampeln zur Blockhaustür, klopfen den Schnee von den Stiefeln und verschwinden in der aus der Tür herausquellenden Dunstwolke.

Brettschneider steht als dunkler Schatten im Schnee und horcht. Die Wölfe heulen nicht mehr. Starr und feindlich, fremd und totenstill liegt der verschneite See im hellen Nachtlicht.

»Die kommen nicht mehr, die sind geschnappt worden.« Scholz sagt es zu Pfriemelt.

»Jetzt glaub' ich 's beinahe auch«, murmelt Pfriemelt. »Die hat's bestimmt erwischt.«

»Wir müssen einen Spähtrupp losschicken«, schlägt der Obergefreite Danner vor. »Die Spuren müssen ja noch da sein. Wenn wir denen nachgehen ...«

»Zu Fuß, du Depp?«, fällt Graninger ein. »Willst eppa zu Fuß aan Spähtrupp macha, ha?«

Der Obergefreite mit dem Pustelgesicht beugt sich zu Graninger hinüber. »Wir können sie doch nicht im Stich lassen, die fünfe.«

»Der Russ' is ja dabei«, erinnert Graninger. »Der kennt sich doch sicher aus. Ich sag, die kommen noch! Wart'n mer halt noch bis zum Abend.«

Brettschneider hört nur mit halbem Ohr zu. Auch er überlegt, was man unternehmen könne. Die fünf sind nun schon seit über 24 Stunden überfällig.

Brettschneiders helle Augen gleiten zu dem Bretterverschlag hin, hinter dem die Russenfamilie steckt. Das Kind plärrt wieder. Es hat Hunger.

Hunger haben alle hier. Nagenden Hunger. Zum Frühstück gab es weiter nichts als Tee, ohne Zucker natürlich, brühheiß. Keiner hat mehr was zum Beißen. Auch Müller, der apathisch auf dem Bett liegt, müsste jetzt, wo er fieberfrei ist, etwas Kräftigendes zu sich nehmen.

Regele macht Visite. Die fünf Verwundeten stöhnen und ächzen. Neues Verbandszeug wird gebraucht, aber es ist keines da. Die letzten drei Mullbinden sind verbraucht. Die schmutzigen wird Regele auswaschen und wieder verwenden müssen, falls es noch länger dauert, dass man hier bleiben muss.

»Wie geht's denn weiter, Sani?«, fragt der kopfverwundete Heine.

Regele hat eine humorvolle Antwort gleich zur Hand: »Det kann ick dir janz jenau sagen: Wir machen hier 'n duftes Sanatorium auf – mit Seeluft, weeßte, und Liejewiese und noch mehr Pipapo. Uff jeden Patienten kommt mindestens eene Schwesta, blond oder schwarzhaarig – janz nach Wunsch.«

Heine grinst matt. »Sei ehrlich, Sani – mach keine Witze: Wie soll's hier weitergehen?«

»Junge, Junge, det weeß ick wirklich nich. Da musste schon den Aloisius fragen.« Und Regele deutet mit dem Kopf zu Feldwebel Brettschneider hinüber, der eben hinter dem Bretterverschlag verschwindet.

Towarisch Kokowkin sitzt auf dem Fußboden und hält das wimmernde Kind im Arm. Die Oma zerschneidet eben ein nicht ganz sauberes Laken, um daraus Windeln zu machen. Boris kramt in dem Bündel Habseligkeiten und dreht sich langsam um, als die Stimme des deutschen Feldwebels ertönt.

»He, Gospodin Kokowkin! Verstehst du, dass unsere Leute noch nicht zurück sind?«

Der alte Russe hebt das bärtige Gesicht. Zwei helle, trübe Augen schauen zu dem Frager empor. Langsam schüttelt Alexei Kokowkin den Kopf und fügt dann die Worte hinzu:

»Sie kommen nicht mehr wieder.«

Brettschneider schiebt die rostroten, buschigen Brauen zusammen:

»Nicht mehr wieder? Dann hat sie Iwan Nikitin in einen Hinterhalt geführt!«

»Njet ...«, stammelt der Alte erschrocken, und noch einmal: »Njet, Pan!« Er rafft sich auf und kommt zu Brettschneider. »Es ist Krieg, es sind schlimme Zeiten. Auch meine Familie ist kleiner geworden, Pan! Seht selbst ...« – Alexei Kokowkin zeigt mit zitternder Hand auf seine Angehörigen. »Nur noch meine Mutter ist übrig geblieben, eine alte Frau, 85 Jahre alt, Pan! Und Boris, meine ... mein jüngster Sohn! Und hier das Kind, Pan! Es hat keine Mutter mehr, der Vater ist von euch fortgeschickt worden. Er kommt auch nicht wieder! Kann ich euch noch mehr geben, Pan? Meine Mutter? Meine ... meinen jüngsten Sohn dort? Oder das Kind hier? ... Nehmt es, Pan, gebt ihm zu essen! Ihr wollt das Land hier, ihr wollt auch uns Menschen!« Die Stimme des Alten erhebt sich laut und beschwörend. Drüben in dem anderen Raum wird plötzlich geschwiegen.

»Klagt mich nicht an, Pan!«, ruft Alexei Kokowkin erregt und presst das Kind an sich. »Macht mir keine Vorwürfe, dass eure Männer und der Vater dieses Kindes nicht wiederkehren! Wir sind nicht schuld daran, dass sie fortbleiben, wir trauern auch um einen Menschen, um den Vater dieses Kindes hier!«

Alexei Kokowkin hält inne, schaut auf das Kind nieder und dreht sich um, setzt sich wieder. Keinen einzigen Blick wirft er mehr auf Brettschneider.

Der steht da und beißt sich auf die Lippen. Er hat jedes Wort verstanden. Soll er den alten Mann anbrüllen? Ihn am Kragen packen und hinauswerfen aus der Wärme dieser Hütte? Nein. Das geht nicht. Man muss damit fertig werden, dass Lohmeier, Kumpf und wie sie alle heißen nicht mehr zurückkehren. Abschreiben muss man sie. Vielleicht geht es ihnen besser als allen anderen hier. Vielleicht sind sie in Gefangenschaft geraten. Auch der Tod ist keine Strafe. Im Gegenteil. Wer weiß, was diesem verlassenen Haufen hier noch alles bevorsteht?

Brettschneider macht kehrt und geht in die Stube zurück.

Die Männer schauen ihm entgegen. Brettschneider tritt an das Bett. Müller ist wach. Mit klarem Blick schaut er zum Feldwebel auf. Fragt halblaut:

»Was ist los, Brettschneider?«

»Wir müssen die fünf abschreiben, Herr Oberleutnant«, sagt Brettschneider. »Wir haben nichts mehr zu fressen, wir verhungern hier. Wir können wohl zusammenpacken und abhau'n. Fragt sich aber bloß – wohin. In welche Richtung? Wo treffen wir auf ein deutsches Kommando? Wissen Sie es, Herr Oberleutnant? Können Sie uns sagen, ob das Bataillon noch in Chamskaja oder das Regiment in Kjusjar liegt?«

Brettschneider wartet. Aber Müller schweigt. Sein Kopf ist leer. Er hat alles gehört. Jedes Wort wirkte wie ein dumpfer Keulenschlag. So viele Fragen auf einmal! Wie auf sie antworten? Er kann es nicht ... die Augen fallen ihm zu, aber er ist wach und denkt: Was soll ich sagen? Weiß ich es, wo das Bataillon jetzt liegt, das Regiment, die Division? Man wüsste es gleich, wenn das Funkgerät intakt wäre ... das

Funkgerät … das Funkgerät. Müllers Gedanken krallen sich an diesem Wort fest.

»Das Funkgerät …«, sagt er leise. »Brettschneider, das Funkgerät.«

»Ist im Eimer«, lautet die kalte Erwiderung. Brettschneider dreht sich um und schaut zu Scholz hinüber. »Ist es so oder nicht?«

»Im Eimer«, murmelt Scholz wie beschämt und senkt das Kinn.

»Verfluchter Mist!«, schimpft jemand.

Eine leere Tabakbüchse klappert zu Boden. Die letzten Tabakkrumen verschwinden zwischen den breiten Spalten des Fußbodenbelages, aus dem eisige Kälte heraufzieht.

»Scheißdreck elender … jetzt ist mein letztes Rauchzeug weg!« Ebermayr kriecht auf allen vieren herum, um die letzten Tabakbrösel zusammenzuklauben.

Brettschneider kratzt sich im Nacken und sagt: »Tja, mir scheint's, wir …« Er bricht ab, er mag es nicht aussprechen, dass er das Gefühl hat, der Krieg sei für alle hier aus. Endgültig.

»Herr Ober, bittschön a Wiener Schnitzl mit Salat und Preiselbeer'n!«, witzelt der aus Gumpoldskirchen stammende Oberschütze Stöckl.

»Und mir aa Weiße!«, grinst Graninger.

»Schnauze!«, bellt Brettschneider. Dann in grimmigem Ton: »Ich hab noch eine Beschäftigung für euch. Vier Mann freiwillig, die den Dengler eingraben.«

Schweigen. Die bartstoppeligen Gesichter der Soldaten überschatten sich.

Ebermayr steht auf, dann Abel. Auch Scholz und Priemelt erheben sich aus dem Winkel.

Brettschneider schickt sie hinaus, wo sie ein tiefes Loch in den Schnee graben sollen. Die vier ziehen die Mäntel an, schnallen den Spaten vom Koppel und trampeln hinaus.

Brettschneider beugt sich über Oberleutnant Müller.

»Ich vertrete Sie, Herr Oberleutnant. Oder …?«

»Übernehmen Sie das Kommando über die Leute«, murmelt Müller. »Lassen Sie sich eine Grabrede für den Dengler einfallen, Feldwebel.« Müllers Kopf rutscht zur Seite. Er starrt die groben Balken der Wand an.

Die Männer in der Stube schweigen. Ein paar greifen nach den Waffen und beschäftigen sich damit. Hinter dem Bretterverschlag plärrt das Kind und wird von einer murmelnden Stimme beruhigt.

Als der Abend gekommen ist, ist es allen zur Gewissheit geworden, dass die ausgeschickten Kameraden und der Russe Iwan Nikitin nicht mehr zurückkehren werden. Die Vermutung, dass alle umgekommen oder gefangen genommen worden sind, liegt auf der Hand.

Der Gefreite Dengler hat seine letzte Ruhestätte in einem tiefen Schneeloch unter den Bäumen gefunden.

Sein weiß gekalkter Stahlhelm ist auf ein primitives Kreuz aus Ästen gestülpt worden. Brettschneiders Grabrede war kurz. Alle Mann waren angetreten und konnten fünf Minuten später wieder in die Stube zurückgehen.

Die Menschen im Blockhaus haben einander nichts zu sagen. Jeder hängt seinen Gedanken nach – Gedanken, die sich immer um das Gleiche drehen: Wie soll es weitergehen?

Alle spüren die Schranke, vor der 23 Soldatenschicksale angekommen sind. Es geht nicht mehr weiter. Etwas ist zu Ende gegangen, an das man sich seit Jahren festgehalten hat, angeschmiegt wie an einen Mutterrock: die Körperschaft eines Ganzen, das große Gefüge einer Art Familie, die Schirmherrschaft einer Befehlsgewalt – schlechthin: Die Truppe hat keinen Mittelpunkt mehr. Man ist in die Weite eines fremden Landes hinausgestoßen worden und hat die Verbindung verloren – das Letzte, was einen Soldaten noch hochreißen kann, wenn er sich verloren glaubt: die Stimme des die vielen Schicksale lenkenden Kommandierenden. Das Gefüge aus Disziplin und angelernter Härte zerbröselt. Resignation drückt die Gemüter nieder, Hoffnungslosigkeit, Ausweglosigkeit.

Brettschneider hat den Kartenpunkt gefunden, auf dem der verlorene Soldatenhaufen sitzt, er hat auch die einstige Befehlsstelle des Bataillons auf der Karte angekreuzt. Das Bataillon aber ist zersprengt, samt und sonders auseinander gejagt oder vernichtet. Wohl, man könnte versuchen, das Regiment in Kjusjar zu erreichen. Aber wie? Das Funkgerät ist unbrauchbar geworden, und einen Marsch zu wagen – ohne Ski, ohne genauen Anhaltspunkt –, das ist gleichbedeutend mit dem sicheren Ende.

Wer stirbt schon gerne freiwillig? Wer riskiert den Weg über schier unendliche Schneefelder? Wer ist so wahnsinnig, ohne Ski und ohne sicheres Ziel die Wärme dieser schäbigen Behausung zu verlassen, in der man wenigstens eines weiß: dass man nicht erfriert, dass man keiner Partisanenbande in die Hände läuft. Wer steht als Erster auf und sagt: »Kommt, wir versuchen es!?« Keiner will dem anderen das Signal zum sicheren Sterben geben, jeder weiß, dass er noch lebt, solange er innerhalb dieser vier primitiven Holzwände sitzt und die Nähe des Kameraden als kleine Beruhigung empfindet, als Trost, dass es dem nicht besser geht.

Auch Brettschneider wagt es nicht, den Befehl zum Aufbruch zu geben. Das würde bedeuten, dass man fünf verwundete Kameraden und den auf den Tod erkrankten Kompanieführer zurücklassen müsste. Denn der schmale Schlitten, der vor wenigen Stunden von seiner traurigen, steifgefrorenen Last befreit wurde, der vermag nicht die sechs fortzubringen – sechs Mann, die vom Blutverlust und nagenden Hunger geschwächt sind, vom Fieber, von der Angst um ihr Schicksal.

Der Kompaniechef ist unfähig, einen Entschluss zu fassen, ist außer Stande, einen Befehl zu geben, der die Männer aus der stumpfen Lethargie reißt; Oberleutnant Heinz Müller kämpft auf seine Weise mit seinem Zustand. Wo bleibt jetzt die stets und von allen als Großspurigkeit erkannte Sicherheit Brettschneiders? Ist er ein Versager? Eine militärische Niete, sobald der Nerv zum Befehlszentrum durchschnitten ist?

Manchem Soldaten kommt der Gedanke, dass Alois Brettschneider jetzt, wo er Müller vertreten muss, das richtige Wort, den rettenden Befehl rufen müsste. Warum schweigt er? Warum stiert er, genau wie die anderen, vor sich hin und lässt die Stunden zerrinnen, die irgendetwas heranbringen – etwas, das man nur dumpf ahnt und vor dem man fliehen möchte?

Wer spricht das erste Wort?

Scholz ist es, der Funker. Er sitzt neben dem toten Funkgerät und lässt den Blick über den stumpfsinnig herumhockenden Haufen wandern, und dann fällt plötzlich die Bemerkung, die das Rad des Schicksals wieder in Bewegung setzt:

»Tja, 's ist entschieden leichter, Erschießungen zu befehlen, als sich einfallen zu lassen, wie der neue Dienstplan für die vierte Kompanie ausschauen soll.«

Ein paar Köpfe fahren hoch. Erwartungsvolle Blicke züngeln von dem Sprecher zu Brettschneider hinüber.

Der Feldwebel schaut langsam auf, kneift die Augen zusammen und erhebt sich.

»Scholz, ich hab wohl nicht recht gehört, wie?«

Der Gefreite grinst leer. »Denke doch, dass Sie verstanden haben.«

»Wiederholen Sie das noch einmal, Gefreiter Scholz!«, schnarrt Brettschneider und geht auf ihn zu.

Der steht gemächlich auf und lehnt sich an die Balkenwand.

»Nehmen Sie Haltung an, wenn ich mit Ihnen rede!«, blökt Brettschneider mit dunkelrotem Gesicht.

»Das scheint mir vorbei zu sein, Herr Brettschneider«, antwortet Scholz.

»Wir sind …«

»Wir sind gar nischt mehr«, grinst Scholz ihm ins Wort. »Wir sind so gut wie erledigt, Herr Brettschneider. Oder können Sie uns sagen, was jetzt passieren soll? Sollen wir hier weiterdünsten, bis es Frühling wird und wir schön gemütlich zur Division spazieren können? Dammich! Sie sind ein Schlappschwanz, Sie sind ein …«

»Halten Sie die Schnauze, Scholz!«, brüllt Brettschneider mit hochrotem Gesicht.

»Ja, blöken können Sie noch gut«, höhnt der Gefreite. »Auf dem Kasernenhof kennen Sie sich besser aus, als …«

Da schlägt Brettschneider zu. Einmal, zweimal klatschen seine Handrücken in Scholz' Gesicht.

»Hö, hö …«, ertönen ein paar Protestrufe. Die baff herumstehenden Soldaten nehmen eine drohende Haltung an.

»So«, schnaubt Brettschneider, »das war meine Antwort, du Sauhund. Noch ein einziges Wort, und ich schieß' dich nieder.«

Scholz lehnt fahl an der Holzwand. Blut rinnt ihm aus der Nase. Die Oberlippe schwillt an.

»Und Sie sind doch eine Niete«, grinst er und wischt mit dem Rockärmel über die Nase. »Das vergesse ich Ihnen nicht, das kommt Sie noch teuer zu stehen!«

Drüben am Bett hat sich Oberleutnant Müller aufgerichtet.

»Brettschneider, was fällt Ihnen ein!?«, ruft er kraftlos herüber.

»Der Kerl da hat gemeutert«, grunzt Brettschneider. »Gedroht hat er mir, Herr Oberleutnant.«

Plötzlich horchen alle.

Ein Brummen liegt in der Luft – ein seltsames und bekanntes Geräusch.

»Flieger!«, ruft jemand, und schon springt alles auf und drängelt aus der Stube.

Aus südwestlicher Richtung naht ein Flugzeugge- räusch. Es ist das unverkennbare schnarrende Moto- rengeräusch eines sowjetischen Jabos. Und da taucht er auch schon auf. Eine Rata-Maschine ist es, die über den zugefrorenen See heranfliegt.

»Weg!«, brüllt Brettschneider. »Verschwindet! Er darf uns nicht sehen!«

Die Männer schieben und drängeln in die Stube zurück. Die Tür knallt zu.

Das Flugzeug brummt über das Blockhaus hin- weg. Das Geräusch verebbt langsam, schwillt lang- sam wieder an, kommt näher. Noch einmal kurvt die sowjetische Maschine über das Blockhaus weg.

Die Männer ducken sich. Jeden Augenblick kann eine Bombe fallen, kann die Bordkanone zu schießen beginnen.

Nichts von dem geschieht. Der Sowjetpilot scheint nur einen Patrouillenflug durchzuführen.

Jetzt kehrt die Maschine zum dritten Mal zurück, aber das Geräusch ist weiterab. Noch ein paar Minu- ten dauert das ratternde Brummen an, dann erstirbt es allmählich in der Ferne. Stille tritt ein.

»Ob er was gemerkt hat?«, fragt einer.

»Nee, sonst hätt' es schon gekracht«, sagt jemand.

Die angespannten Mienen lockern sich. Scholz hockt in der Ecke und wischt mit dem Taschentuch das Blut aus dem Gesicht.

131

Brettschneider geht in seinen Winkel und bückt sich nach dem Koppel, an dem die 08 hängt. Er schnallt sie um und geht zu Scholz hinüber, bleibt breitbeinig vor ihm stehen und fragt grimmig:

»Also, machen wir weiter, Freundchen?«

Scholz bleibt am Boden hocken und murmelt: »Ein andermal, Feldwebel Brettschneider.«

»Nein, jetzt!«, brüllt Brettschneider und will Scholz am Kragen packen und hochziehen.

»Lassen Sie den Mann in Ruhe, Feldwebel Brettschneider!« Es ist der Obergefreite Danner, der Brettschneider die Hand auf die Schulter legt. »Wir sind alle mit den Nerven fertig«, sagt Danner, mit dem Versuch, die gefährliche Situation abzubiegen. »Reden wir lieber vernünftig miteinander.«

Brettschneider wendet sich von Scholz ab und geht zum Tisch. »Gut«, sagt er dort, reden wir deutsch miteinander. Die Lage ist beschissen. Ich bin nicht schuld daran, und ich kann sie auch nicht ändern. Wir müssen hier bleiben und abwarten. Es geht nicht, dass wir mit fünf Verwundeten und einem kranken Kompaniechef uns auf die Socken machen und abhau'n.« Brettschneider hebt die Stimme zu gewichtiger Eindringlichkeit. »Wir sind eingekreist, Leute – von allen Seiten. Abgeschnitten heißt das, ich könnte auch sagen: Wir sind so gut wie erledigt. Wir können nur zwei Dinge machen – entweder warten, bis wir vom Gegner aufgestöbert werden, oder …«

»Oder in russische Gefangenschaft marschieren«, fällt Blumberger ein.

Bedeutungsvolles Schweigen. Die Männer lassen die Köpfe hängen.

Scholz rappelt sich auf und drückt das schmutzige Taschentuch an die Nase. Dann murmelt er: »Wir können hier doch nicht hocken bleiben und warten, bis wir geschnappt werden oder verhungert sind.«

»Brettschneider!«

Alle drehen sich um und schauen zum Bett hinüber. Oberleutnant Müller hat sich aufgerichtet; er sitzt auf der Bettkante und versucht, sich zu erheben.

»Bleiben Sie liegen, Herr Oberleutnant«, sagt Regele, aber Müller schüttelt den Kopf, greift nach der Uniformjacke und zieht sie an.

»Feldwebel Brettschneider ...«, sagt Müller und kommt taumelnd an den Tisch heran, »geben Sie mir mal die Karte.«

Die Männer gucken besorgt den Kompaniechef an, werfen sich Blicke zu und schütteln die Köpfe. Müller sieht zum Umfallen aus. Es kostet ihn eine gewaltige Willensanstrengung, sich am Tisch festzuhalten.

»Legen Sie sich doch hin, Herr Oberleutnant«, ersucht jetzt auch Brettschneider.

»Breiten Sie die Karte aus«, befiehlt Müller.

Das Kartenblatt raschelt auseinander und liegt auf dem Tisch. Müller beugt sich darüber. Sterne tanzen ihm vor den Augen. Die Schwäche braust in den Ohren. In den Knien liegt ein Zittern. Aber Müller bleibt am Tisch, presst die Zähne aufeinander und studiert das Kartenblatt.

Er hat den Auftritt zwischen Scholz und Brettschneider angehört, er hat gemerkt, dass die Moral der Leute dahinschwindet, wenn er jetzt nicht das Kommando an sich reißt und Ordnung in den Haufen bringt.

»Also …«, murmelt Müller, »Charkowka liegt hier … und hier, die Einzeichnung …?«

»Ist unser augenblicklicher Standort, Herr Oberleutnant«, erklärt Brettschneider; auch ihm ist heiß; er schämt sich, dass plötzlich Müller auf dem Plan ist. Ein todkranker Mann!

»Hm …«, macht Müller und fährt mit dem zittrigen Finger über das Kartenblatt. »Chamskaja liegt ungefähr 30 Kilometer von hier entfernt … Kjusjar, rund 40 … In Sasnowka …, da scheinen die Sowjets zu liegen … Chamskaja und Kjusjar müssen als verloren angesehen werden … Bleibt nur noch eine Möglichkeit offen …«

Müller hat mehr zu sich selbst gesprochen. Aller Augen sind auf ihn gerichtet. Die lange Gestalt mit der aufgeknöpften Uniform am Leibe hängt tief über den Tisch und klammert sich fest.

Die Männer grinsen erlöst.

Ein hohlwangiges Gesicht kommt langsam hoch, ein graues Augenpaar gleitet über die Gestalten, schaut jeden an, prüft, kontrolliert die Mienen.

»Leute …«, beginnt Müller heiser, »es kommt jetzt darauf an, zu zeigen, dass wir Kerle sind … Wir haben nur eine Möglichkeit offen – das ist Finnland. Liegt wohl 'n Ende weg von hier, aber wir müssen den Weg schaffen. Ich vermute, dass diese Marschrichtung noch frei ist … ich vermute!«, fügt er murmelnd hinzu. »Genau kann ich's natürlich nicht sagen. Wir wollen versuchen, aus dem Hinterland des Gegners rauszukommen … Horizontschleicher müssen wir spielen.« Er lächelt flüchtig über den Ausdruck, den die Soldaten geprägt haben, wenn

134

ein Kommando hinter der Feindlinie sich bewegen muss.

Brettschneider sagt: »Hatte auch schon den Gedanken, Herr Oberleutnant.«

Obergefreiter Danner grinst und meint höhnisch: »War ein guter Gedanke, Feldwebel Brettschneider – bloß schade, dass Sie ihn uns verheimlicht haben. Sollte wohl 'ne Überraschung für uns sein, wie?«

Brettschneiders breites Gesicht wird rot. »Werden Sie nicht unverschämt, Danner!«

»Ruhe!«, ruft Müller und wischt mit dem Handrücken über die Stirn. Winzige Schweißperlen glänzen darauf.

»Also«, fährt er fort, »es ist klar? Wir müssen die finnische Grenze erreichen. Dort stoßen wir bestimmt auf die Unsern … oder … auf finnisches Militär.«

Zustimmendes Kopfnicken. Danner fragt jetzt:

»Wie weit müssten wir denn da marschieren?«

»'n langer Schlauch«, antwortet Müller. »An die 150 Kilometer können zusammenkommen.«

»Wir haben keine Ski«, glaubt Brettschneider erinnern zu müssen. »Es wird lausig schwer sein, ohne Ski und mit einem leeren Magen 150 Kilometer verschneite Tundra zu durchlaufen.«

Müller richtet den Blick auf den Feldwebel. Ärger flammt in den grauen, tief liegenden Augen des Offiziers.

»Napoleon hatte auch keine Skiausrüstungen.«

»Ach so«, grinst Brettschneider, dessen Bildungsgrad noch dazu ausreicht, jenes geschichtliche Ereig-

135

nis zu wissen, an dem sich verschiedene Feldherren mehr oder weniger ein Beispiel nehmen. »Stimmt, Herr Oberleutnant. Die Franzosen sind aber dabei draufgegangen.«

»Nicht alle!«, ruft jemand aus der Ecke; es ist Scholz. Er kommt an den Tisch heran und nimmt eine stramme Haltung an. »Herr Oberleutnant, wir schaffen es.« Und mit einem Blick in die Runde: »Wir schaffen es, Kumpels, nicht wahr?«

Ein mehrstimmiges Ja ist die Antwort.

Brettschneider hat das überlegene Grinsen noch immer nicht abgelegt, mit dem er die Blamage seiner Unfähigkeit verbergen möchte.

»Und was soll mit den Verwundeten geschehen, Herr Oberleutnant? Sollen die 150 Kilometer Schneemarsch machen? Und Sie, wenn ich mir die Frage erlauben darf, wie wollen Sie den Weg schaffen? Sie kippen nach den ersten zehn Kilometern um und bleiben liegen.«

»Dann werden bestimmt ein paar da sein, die mich aufheben und auf den Schlitten legen ... Oder ...?«

Die meisten nicken.

Neben dem Kamin steht der junge Russe und schaut mit forschenden Blicken auf die Schar verwilderter Gestalten. Jetzt taucht auch Towarisch Kokowkin auf und guckt herüber. Von dem Kind, das die ganze Zeit schrie, ist nichts mehr zu hören.

»Wovon leben wir?«, fragt Brettschneider. »Wir haben nichts zu beißen, Herr Oberleutnant.«

»Ist Ihnen noch nicht der Gedanke gekommen, dass wir den Zossen als Marschverpflegung mitnehmen können, Brettschneider?«

»Und wer zieht den Schlitten?« Brettschneider furcht die Stirn und beugt sich vor.

»Wir …«, antwortet Müller.

»Na – gute Nacht«, bemerkt der Feldwebel.

Da hebt Müller seine Stimme zu forscher Schärfe: »Sagen Sie mal, Brettschneider, haben Sie vielleicht etwas anderes vorzuschlagen?«

Schweigen. Die Männer schauen verdrießlich und feindselig auf Brettschneider. Hat dieser Mann am Ende wirklich anderes vorgehabt? Jetzt könnte er es frei heraus sagen.

»N … nein«, dehnt er die Antwort, »ich habe nichts anderes vorzuschlagen … ich habe mir nur erlaubt, auf die Strapazen eines solchen Marsches hinzuweisen.«

»Wir sind Strapazen gewöhnt«, erwidert Müller und richtet den Blick auf den jungen Russen. Sie schauen sich ein paar Sekunden in die Augen. Dann gleitet Müllers Blick zu dem Alten hinüber.

»Komm näher, Gospodin Kokowkin«, sagt Müller auf Deutsch und winkt den alten Russen heran. »Brettschneider, fragen Sie ihn, ob er den Weg nach Finnland kennt, ob er schon einmal dort war?«

Brettschneider übersetzt die Frage. Towarisch Kokowkin nickt und schaut Müller an.

»Er war schon in Finnland«, sagt Brettschneider. Und richtet die zweite Frage an den alten Russen: »Könntest du uns an die Grenze bringen?«

Alexei Kokowkin streicht nachdenklich seinen weißen Bart. »Ein weiter Weg, Pan … viel Schnee … die Tundra ist groß und weit. Es sind schon viele in ihr umgekommen.«

Brettschneider grinst zufrieden, als er die Antwort Kokowkins ins Deutsche übersetzt.

»Fragen Sie ihn, ob er uns den kürzesten Weg zur finnischen Grenze führen will«, sagt Müller.

»Willst du uns an die Grenze bringen?«, fragt Brettschneider Kokowkin.

Dieser schaut zu Boris hinüber. Der junge Bursche kommt heran und flüstert dem Alten etwas ins Ohr, worauf Alexei Kokowkin die Stirn kraust und wiederum Boris etwas ins Ohr sagt.

»Redet laut!«, schreit Brettschneider die beiden an.

»Lassen Sie sie, Brettschneider«, ermahnt Müller. Er weiß, was diese Frage für die drei Menschen hinter dem Bretterverschlag bedeutet, er will ihnen Zeit lassen, sich zu entscheiden. Alexei Kokowkin könnte sich nur zu leicht an den Deutschen rächen.

Die leise Besprechung zwischen Vater und Sohn scheint zu Ende zu sein. Alexei Kokowkin sagt etwas zu Brettschneider. Der reagiert mit einem zynischen Grinsen auf das Gesagte und wendet sich an Müller:

»Nichts zu machen, Herr Oberleutnant. Der Alte sagt, dass er schon genug Opfer gebracht hätte und seine Heimat nicht verlässt.«

Müller senkt den Blick und starrt auf die Karte. Der Schweiß rinnt ihm über die Schläfen; er wischt ihn mit dem schmutzigen Taschentuch weg. Ringsum stehen die Männer der kläglich zusammengeschmolzenen Vierten und warten auf die Entscheidung. Sie muss fallen. Kokowkin muss die Restkompanie nach Finnland bringen, sonst ist alles aus.

»Ihre Humanität ist falsch am Platz, Herr Oberleutnant«, lässt sich Brettschneider vernehmen. »Mit den Banausen müssen Sie ganz anders reden, um sie gefügig zu machen. Ich glaube, wir sprachen schon einmal über dieses Thema.«

Müller antwortet nicht. Er richtet sich auf, geht um den Tisch herum auf Alexei Kokowkin zu und bleibt vor ihm stehen. Sie schauen sich an. Der Alte steht mit hängenden Armen vor dem Offizier.

Müller zieht einen Ring vom Finger. Es ist ein schöner Ring, schwergolden, mit einem Brillantsplitter geschmückt. Müller hat den Ring von seiner Mutter geschenkt bekommen, das war vor zwei Jahren im Urlaub. Ob man mit diesem Ring das Schicksal von 23 Menschen beeinflussen kann?

»Da«, sagt Müller zu Alexei Kokowkin, »nimm ihn. Gib mir dafür den Gaul und den Schlitten.«

Alexei Kokowkin schaut verständnislos erst auf den Ring, dann dem Offizier ins Gesicht.

»Ich kaufe Pferd und Schlitten«, sagt Müller, »übersetzen Sie ihm das, Brettschneider.«

»Na so ein Unfug«, murmelt Brettschneider. »Wollen Sie wirklich …«

»Übersetzen Sie dem Mann mein Angebot«, sagt Müller beharrlich.

Da übersetzt Brettschneider das Gesagte. Alexei Kokowkin schaut unverwandt Müller ins Gesicht. Müller lächelt freundlich. Er will mit diesem Lächeln etwas erkaufen: Verstehen, Sympathie, Freundschaft. Er will nicht mit der Pistole drohen, sondern um etwas bitten.

Der Alte antwortet. Brettschneider dreht sich zu Müller um und sagt:

»Den Gaul und den Schlitten können wir kriegen. Umsonst. Sie sollen den Ring behalten.«

Müller greift nach der Hand des Alten, streift den Ring über dessen Finger und sagt:

»Dann für die Behandlung meiner Krankheit ... als Dank dafür.«

Alexei Kokowkin guckt erschrocken auf den kostbaren Fingerschmuck. Auch Boris; er nimmt Alexei Kokowkins Hand und schaut den Ring mit jener Bewunderung an, die nur Frauen für solcherlei Geschenke aufbringen können. Doch niemand ahnt noch, wer sich unter der unförmigen Winterkleidung verbirgt.

Oder doch jemand? Warum blickt Müller so seltsam nachdenklich auf den Burschen, der jetzt etwas sagt? Warum spielt plötzlich ein Lächeln um Müllers Mund?

Die Soldaten reden durcheinander. Sie freuen sich, dass es bald etwas Herzhaftes zu essen geben wird.

»Aa Rossfleisch gibt's heit!«, jubelt Graninger. »Sakra, sakra, mir wassert schon 's Maul!«

»Sie sind doch Metzger?«, fragt Müller den Feldwebel.

Brettschneider runzelt halb beleidigt, halb verlegen die Stirn. »Ich bin aktiver Soldat, Herr Oberleutnant.«

»Aber vorher waren Sie doch Metzger!«

»Jawoll.«

»Dann wird es Ihnen ja nicht schwer fallen, den Gaul zu schlachten und fachgerecht herzurichten.«

Müller schleicht zu seinem Bett hinüber und lässt sich darauf niedersinken. Er ist fix und fertig. Wie er

140

den geplanten Marsch schaffen soll, ist ihm selbst ein Rätsel.

»Legen Sie sich lang, Herr Oberleutnant«, bittet Regele und drückt Müller auf das Bett nieder, hebt ihm die Beine auf und schwingt sie auf das Lager. »Sie müssen ausruhen, sonst schaffen Sie den Weg nich. Hundertfuffzig Kilometer is 'n verdammt weites Spaziergängchen.«

Müller winkt kurz ab.

»In welchem Zustand sind die Verwundeten?«, fragt er. »Am schlimmsten is der Heine mit sein'm Koppschuss dran«, flüstert Regele, während er Müller zudeckt. »Der Köhler hat'n Schussbruch am rechten Bein, der Lankowitz 'n Granatsplitter im Kreuze. Hammer und Böhm sind leicht vawundet und könn'n noch loof'n.«

»Gut«, murmelt Müller. »Richten Sie den Schlitten her. Sobald wir etwas gegessen haben, machen wir uns marschbereit.«

Im Schuppen knallt es, und der Gaul fällt wie vom Blitz getroffen um. Sofort macht sich Brettschneider daran, den mageren Zossen abzuhäuten. Jeder Griff in dem warmen Fleisch erweckt Erinnerungen, der Blutgeruch – Brettschneider erinnert sich an früher. Ja, denkt er, damals, da war es ganz anders, da war man überhaupt ein anderer Mensch. Hannover und Braunschweig. Die zwei großen Metzgerläden, die sauberen Betriebe bei den beiden Meistern. Ja, ja, war eigentlich eine hübsche Zeit gewesen! Man war immer satt, man hatte seine Stube, man hatte sein Mädchen.

Brettschneider grinst vor sich hin, als er dem Gaul die Eingeweide herausnimmt.

Aber damals, so denkt Brettschneider weiter, da hatte ich nichts zu sagen, da war ich bloß ein Geselle. Heute bin ich Portepeeträger. Das ist mehr, als ein Geselle zu sein, da kann man kommandieren, da hat das Wort einen Wert, da ist man jemand! Nee, nee, ich möchte nicht mehr Geselle sein! Oder werd' ich 's doch wieder?

Brettschneider hält in der blutrünstigen Arbeit inne.

Werde ich doch wieder Geselle? Ist der Krieg aus? Haben wir ihn bereits verloren? Es sieht fast so aus! Himmel, was dann? Was dann, wenn der Krieg aus ist? Ich bin doch gerne Soldat ... ich kann mir gar nicht mehr vorstellen, dass ich keiner mehr sein sollte.

Und noch ein Gedanke wird plötzlich in Brettschneider wach: Wenn wir den Weg nach Finnland schaffen, wenn inzwischen der Krieg aus ist, dann ist auch der Beruf als Soldat zu Ende. Dann muss ich wieder Geselle werden ... muss das da machen ...

Brettschneider blickt finster auf den aufgebrochenen Gaul nieder. Ekel kriecht in die Kehle, der Blutgestank, der Geruch der noch lebenswarmen Eingeweide verschafft Brettschneider ein Gefühl, als müsse er sich übergeben.

Was mache ich, wenn der Krieg aus ist? Wieder Metzgergeselle werden? Nein, niemals! Auf keinen Fall!

Brettschneider richtet sich auf. Seine Hände sind blutverschmiert. Blutspritzer sind auch in seinem

Gesicht, das den Ausdruck erschrockener Nachdenklichkeit angenommen hat.

Draußen werden Stimmen laut. Jemand lacht.

Schritte kommen heran. Die Umrisse einer Gestalt tauchen vor dem Schuppen auf.

»Na, wie weit san mer denn scho?« Es ist Graninger, der sich erkundigt.

Brettschneider steht da und hält das haarscharfe Kappmesser in der Hand, mit aufgekrempelten Rockärmeln, die Feldmütze ins Genick geschoben.

»Graninger, mach du weiter«, sagt Brettschneider.

»I soll weitermacha? ... I kann bloß Karnickl abhäutcn und für die Pfann' herrichten, Herr Feldwebel. Aan Gaul hab i noch nia zerlegt ... Pfui Teifi, wia dös stinkt ... wia in aan Schlachthaus.«

»Komm, hilf mir wenigstens, Graninger.«

»Na, na, mir tät koa Biss'n mehr schmecka, wenn i jetzt in dem Gestank rumwühlen tät.«

Brettschneider schnauft und tritt auf Graninger zu.

»Wenn du mir nicht hilfst, kriegst du nischt zu fressen, Graninger.«

Der Gefreite lacht. »Dann bleib i eben da hocka und wart auf 'n Russ, dass er mi g'fanga nimmt.«

Brettschneider schließt die Augen zu einem lauernden Spalt. »So«, brummt er, »hier bleiben tätst du also lieber, als den Marsch durch die Tundra riskieren?« Und dann halblaut: »Ehrlich, Graninger, ganz ehrlich sein ... ich frage dich jetzt nicht als Vorgesetzter, sondern als Mensch: Was würdest du lieber machen? Hier bleiben oder bis Finnland gehen?«

»Ich tät sag'n ...«

»Frei raus, Graninger«, flüstert Brettschneider, »sag es ganz ungeniert!«

»Hier bleib'n«, flüstert Graninger zurück. »Der runtergekommene Haufen schafft den Weg nia, sag i! Krepier'n tun mer, wie die Soldaten vom Napoleum.«

»Ganz meine Meinung«, grinst Brettschneider.

»Sie aa …?«, staunt Graninger, und dann noch einmal, indem er glaubt, das »Du« anwenden zu können: »Du aa, Brettschneider?«

Brettschneider nickt.

»Wer würde noch hier bleiben?«, fragt er.

Graninger will misstrauisch werden, schweigt, starrt auf den aufgebrochenen Gaul, der am Boden liegt.

»Los, sag mir, wer noch hier bleiben möcht«, drängt Brettschneider.

»Der Blumberger«, sagt Graninger jetzt entschlossen und leise. »Dann der Schorschl und noch etliche.«

»Hm«, macht Brettschneider.

»Du willst aa bleib'n?«, fragt Graninger.

»Müller ist nicht recht bei Troste«, antwortet der Feldwebel. »Der will bloß den schneidigen Offizier mimen. Er schickt uns alle zum Teufel. Oder denkst du, der marschiert vorneweg, ha? Nee, Graninger, nee, den müssen die Kameraden schön ziehen. Er legt sich auf den Schlitten und lässt sich nach Finnland zieh'n, jawoll!« Brettschneider legt Graninger die Hand auf die Schulter und rüttelt ihn sanft: »Mein lieber Graninger, ich durchschaue die Sache, ich rieche bereits, um was es dem Herrn Müller geht.

Er hat Dampf davor, dass er den Russen in die Hände fällt. Alle Offiziere haben Dampf vor der Gefangenschaft. Und weißt du warum?«, lauert er. »Weil der Russe sich einen Dreck darum schert, ob er einen Offizier oder einen Landser zum Dawai-Dawai antreibt.«

Graninger nickt. Was Brettschneider gesagt hat, geht auch schon seit Tagen in einem bestimmten Kameradenkreis um. Nicht alle brennen darauf, nach Finnland zu gelangen und von dort aus wieder an die Front geschickt zu werden.

»Mensch«, flüstert Graninger erregt, »ich hätt's nic für möglich gehalten, dass du nimmer mitmachen willst. Nix hast du dir anmerken lassen, hast allweil den Russenfresser g'spielt! Du kannst ja gut Russisch, gell?«, fragt Graninger jetzt.

»Ja, Gott sei Dank! Es wird nicht schwer sein, die Verbindung zur andern Feldpostnummer herzustellen.«

»Moanst also, dass wir 's besser hätten, wenn wir uns g'fangen nehm' lassen, Brettschneider?«

»Auf alle Fälle besser, als wenn wir auf dem Marsch nach Finnland krepieren.«

Graninger nickt zustimmend.

»Aber du hast Dreck am Steck'n, Brettschneider«, sagt er dann im Verschwörerton.

Brettschneider blinzelt erschrocken. »Was heißt das? Was willst du damit sagen, Graninger?«

»Na ja, wenn die Bauern dableib'n … den Towarisch, moan i … dann wird er dem Kommissar vielleicht davon erzähl'n, dass du etliche Russkis umg'legt hast.«

»Ach so«, brummt Brettschneider und wischt mit dem Unterarm über die tropfende Nase weg. »Es ist aber noch gar nicht raus, ob er dazu kommt, Graninger. Verstehst du, wie ich das meine?«

Graninger grinst.

»Klar versteh ich dich, Brettschneider. Alsdann, du bist bestimmt dafür, dass wir uns vom Müllerhaufen absetzen?«

»Ich halt es fürs Richtige.«

»Wie willst du 's macha? In offener Red oder ... oder ohne Kommentar?«

Brettschneider kommt nicht dazu, eine Antwort zu geben. Schritte nähern sich dem Schuppen.

»Pssst ...«, zischelt Brettschneider. »Und ja die Schnauze halten!«

Er geht zu dem geschlachteten Gaul und bückt sich.

Es ist Boris, der in den Schuppen kommt, um einen Arm voll Brennholz zu holen. Rasch und ohne einen Blick auf den toten Gaul und die beiden Deutschen zu werfen, geht Boris in die Ecke, wo die großen Klötze liegen, und sammelt ein paar auf.

Plötzlich erhält er einen Stoß von hinten. Boris fällt vornüber. Die Fellmütze rutscht vom Kopf. Das lange, schwarze Frauenhaar flutet herab. Karinka Kokowkin ist erkannt.

Brettschneider steht hinter ihr und pfeift erstaunt durch die Zähne. Auch Graninger ist baff.

Beide starren die Erscheinung an. Zu Tode erschrocken schaut Karinka empor. Dann greift sie hastig nach der Mütze und springt auf.

Brettschneider verstellt ihr den Weg.

»Boris nennst du dich?«, fragt er sie und grinst. »Du bist also gar kein Boris? Wie heißt du wirklich?«

Karinka will wieder an Brettschneider vorbei. Er aber packt sie jetzt am Handgelenk.

»Gib Antwort, mein Täubchen!«

Graninger lacht meckernd. Sein Erstaunen weicht den Worten: »Aa Madl, na so was! Aa saubers obendrein, hehehe …«

»Du sollst antworten!«, droht Brettschneider und setzt einen Schraubstockgriff an.

»Lass los, du Schwein!«, zischelt die junge Russin und versucht den Zugriff abzuwehren.

Aber Brettschneider lässt nicht locker. »Sag deinen Namen, mein Täubchen! Sag ihn mir!«

Graninger grinst übers ganze Gesicht.

»Fühl doch mal, ob du dich net irrst!«, ruft er Brettschneider zu. »Vielleicht ist's doch aa Mannsbild!«

Mit einem brutalen Ruck reißt Brettschneider die widerstrebende Russin heran, greift ihr gemein an die Joppe und spürt deutlich die darunter sich verbergende Mädchenbrust.

»Du Hund … du Schwein«, presst Karinka in höchster Wut hervor und tritt mit dem Fuß nach Brettschneider.

Der lacht nur.

Graninger will auch etwas davon haben und ruft: »Halt sie fest, Brettschneider … ich will aa fühl'n … Is mir lieber als wie a Rossfleisch, hehehe …«

Keuchend ringt Karinka mit Brettschneider, flucht und spuckt ihm ins Gesicht, tritt mit den Füßen um sich.

Plötzlich stöhnt Graninger dumpf auf. Ein Fußtritt Karinkas hat ihn an einer empfindlichen Stelle des Unterleibes getroffen.

»Das Saumensch, das elendige …«, ächzt Graninger und windet sich, als hätte er Bauchschmerzen. »Schlag sie nieder, Brettschneider … hau sie um, das Aas … Aahhh … hmm …« Graninger wird es übel vor Schmerzen.

Jetzt trifft der zweite Fußtritt Brettschneider. Karinka ist frei. Sie jagt aus dem Schuppen. Fort ist sie. Auch Brettschneider windet sich.

Nach ein paar Sekunden lässt der Schmerz nach, und die beiden gucken sich an, grinsen, lachen plötzlich, als sei ihnen eben etwas überaus Ergötzliches widerfahren.

»Komm, hilf mir jetzt, Graninger«, sagt Brettschneider.

Der macht mit. Jetzt wühlen beide in dem toten Gaul.

»Fesch war sie«, sagt Graninger. »So aa hübsches Bauernmädel hab ich in Russland no net an'troffen. Mir scheint's, Spezl, es wird ganz lustig werd'n, wenn wir z'ruckbleiben und net nach Finnland marschier'n.«

Brettschneider murmelt etwas Unverständliches und reißt dem geschlachteten Gaul die Eingeweide heraus.

Von den Deutschen weiß außer den beiden niemand, was sich im Schuppen zugetragen hat. Karinka ist in die Stube geflohen und hat sich Towarisch Kokowkin an den Hals geworfen, hat ihn hinter den Bretterverschlag gezogen und ihm dort das Geschehnis mit fliegendem Atem und aufgelöster Miene erzählt.

Der Alte zittert noch immer.

»Ein Schwein ist der Germanski«, flüstert Karinka dem Vater zu. »Du hättest ihn sehen sollen, Väterchen ... Voll Blut an den Händen und im Gesicht ... und Augen ... so gemein, so scheußlich!«

Karinka kauert sich am Boden nieder und schlägt die Hände vors Gesicht.

Alexei Kokowkin senkt den Kopf und streicht nachdenklich den Bart. Da blitzt etwas an seinem Finger. Der Ring. Alexei Kokowkin hat ihn am Finger behalten, hat sich viele Gedanken durch den Kopf gehen lassen und ist zu dem Entschluss gekommen, dass der Offizier sich von etwas sehr Wertvollem getrennt hat. Aus Dankbarkeit, echt empfundener Dankbarkeit. Und Alexei Kokowkin hat auch darüber nachgedacht, ob er die Deutschen an die Grenze bringen soll. Aber da ist das Kind, und da ist die alte Großmutter, die man allein lassen müsste, und schließlich ist es auch Charkowka, das dann weit im Rücken liegt. Nein, Alexei Kokowkin konnte sich nicht entschließen, dem Wunsch des Offiziers nachzukommen. Aber jetzt? ... Karinka ist erkannt worden. Der grobe Deutsche hat sie angefasst. Wie sie weint, die Karinka, wie sie zittert.

Was kommt jetzt? Was muss geschehen? Die Deutschen reden in der Stube, sie lachen und lärmen, sie warten auf das Fleisch und schüren das Kaminfeuer.

»Meine Tochter ... mein Kind ...« Alexei Kokowkin rückt die verschobene Mütze seiner Tochter gerade, stopft fürsorglich das hervorquellende Haar weg und streichelt die geneigte Stirn, tastet nach den Wangen des Mädchens, hebt das angstvoll zuckende Gesicht empor.

»Sie tun dir nichts, Karinka«, flüstert er ihr zu, »sie sind nur grob und denken an nichts anderes als an Flucht. Sie wollen fort, mein Kind ... wir sind bald allein.«

Karinka nickt zaghaft.

»Wir sind bald allein, Väterchen. Ich will darum beten, dass sie bald fortgehen und nie mehr wiederkommen.«

Nebenan entsteht Tumult. Graninger schleppt die erste Fleischportion herein.

Oberleutnant Müller liegt auf dem Bett und horcht auf den Lärm. Die Gedanken wogen durcheinander. Charkowka. Der Rückzug. Die Fieberstunden. Die wundersame Heilung durch den alten Russen. Der neue Plan ... Der Fluchtplan. Wird er gelingen? Werden die Männer durchhalten? Was wird aus den Verwundeten?

»Herr Oberleutnant ... Bouillon vom Jaul jibt es heute.« Regeles Gesicht schwebt vor Müllers Augen, ein grinsendes, sommersprossiges Gesicht. »Ick hoffe nur, dat wir uns nich die Beißerchen kaputtmachen an dem Jaul-Menü ... Schier dreißig Jahre war er alt ...«, singt Regele und geht lachend zurück zu den anderen.

Müller bewegt die Hände, bewegt die Beine, die Füße. Er hebt den Kopf und dreht ihn hin und her. Die Gliedmaßen gehorchen dem Willen. Die körperliche Schwäche wird überwunden werden.

Ich werde essen, denkt Müller, ich werde viel essen, und ich werde wieder kräftiger werden. Ich muss den Weg schaffen ... die Männer brauchen mich. Hab's ja gesehen, wie sie moralisch auseinander fallen, wenn keiner da ist, der einen Befehl gibt. Und jetzt haben sie Hunger, sie denken nur ans Essen. Wenn sie satt sind, kommt neuer Mut über sie, und sie werden die 150 Kilometer Weg durch die Tundra schaffen. Nur die Starken werden ankommen, das weiß ich schon jetzt. Nur die Stärksten! Die Schwachen werden liegen bleiben. Es wird ein schlimmer Weg, es werden schwarze Tage sein ...

Müller ist eingeschlafen. Erst als das Fleisch im Kochtopf ausgekocht ist und die Kochgeschirre zu klappern beginnen, weckt Regele den Kompaniechef und reicht ihm einen Kochgeschirrdeckel voll gelblicher, trüber Brühe, in der kleine Fleischbrocken schwimmen. Viele Fleischbrocken.

Die Brühe schmeckt fad, um nicht zu sagen scheußlich, das Fleisch ist zäh wie Leder und widersteht dem stärksten Gebiss.

Aber die Männer essen es, sie schlingen es hinunter und schlürfen die ungesalzene Brühe. Das Schmatzen übertönt die Bemerkungen über die Fleischgüte. Graninger hat das Essen ausgegeben und dabei Verschiedenen etwas zugeflüstert – dem Blumberger, dem Schorschl Moosbauer und noch drei Kameraden, die sich mit scheuen Seitenblicken zum Kompaniechef hin dann niederhocken und die Pferdefleischmahlzeit vertilgen.

Brettschneider ist in die Stube gekommen und hat sich in einem Zuber die blutbeschmierten Hände ge-

waschen. Jetzt isst auch er und löffelt sein Kochgeschirr leer.

»Graninger!«

»Hier, Herr Feldwebel!«, ruft Graninger aus seinem Eck und schaut zu Brettschneider hinüber.

»Sie sind heute mit der Wache dran … Sie, der
Blumberger, der Moosbauer, der Eichler, Schäfer
und der Schramm.«

»Jawoll, Herr Feldwebel.«

Brettschneider schaut zu Müller hinüber, der am
Bett sitzt und mit Todesverachtung die Brühe hinun-
terwürgt.

»Herr Oberleutnant, wann gedenken Sie abzu-
rücken?«

»Wie spät ist es jetzt?«

Jemand zieht die Uhr.

»13 Uhr 35, Herr Oberleutnant.« Es ist der Gefreite Scholz, der die Uhrzeit gerufen hat.

»Um 15 Uhr zum Abmarsch fertig sein«, sagt
Müller und löffelt weiter.

Brettschneider grinst und wirft einen Blick zu
Graninger hinüber. Fangen wir an, heißt der Augenwink, denn alles ist besprochen worden.

Graninger blinzelt zurück, stellt das Kochgeschirr
ab und erhebt sich, geht zum Bett des Kompaniechefs
hinüber und klappt lasch die Hacken zusammen.

»Na, Graninger?«, fragt Müller. »Ausgang haben?
Gibt's nicht. Andermal ansuchen.« Es soll ein Scherz
sein. Ein paar Soldaten grinsen auch. Nur Graninger
bleibt ernst.

»Herr Oberleutnant«, fängt er an und bemüht
sich, das Nächste mit etwas Hochdeutsch zu verbes-

sern. »Herr Oberleutnant«, sagt er noch einmal, »ein paar von Ihrer Kompanie mögen nicht mehr.«

Müller setzt den Kochgeschirrdeckel ab, schaut zu Graninger auf. Auch die anderen halten im Essen inne. Was hat der Graninger eben gesagt? Hat man recht gehört? Nur die vorhin aufgerufenen Namen löffeln ihren Fraß weiter und gucken krampfhaft in ihre Kochgeschirre.

»Noch einmal dasselbe, Graninger«, sagt Müller und setzt die Beine auf den Fußboden.

»Aa paar von uns mögen nimmer, Herr Oberleutnant«, wiederholt Graninger; seine Stimme zittert ein bisschen, die Augen irren an Muller vorbei.

Der erhebt sich langsam, wächst und wächst, schaut Graninger scharf an.

»Wer mag nicht mehr?«, fragt er verwundert.

»Ich«, sagt Graninger und zählt dann die weiteren Namen auf: »Blumberger, Moosbauer, Eichler, Schäfer und Oberschütze Schramm. Wir mögen net mehr … ich sag's, wie es sein muss, Herr Oberleutnant. Der Krieg ist … ist aus. Wir täten gerne das machen, was uns als richtig erscheint, Herr Oberleutnant.«

Müllers graue Augen beginnen zu blitzen, aber er beherrscht sich noch.

»Und was erscheint Ihnen als richtig, Graninger?«

»Dass wir nicht mit nach Finnland abrücken tun, Herr Oberleutnant.« Graninger sieht plötzlich grau aus. Sein Blick irrt herum, an Müller vorbei, zur Balkendecke hinauf, nach links und rechts weg.

Schweigen.

Aus dem Bretterverschlag ist der alte Kokowkin

hervorgetreten. Hinter ihm taucht das Gesicht Karinkas auf.

Die Stille ist gefährlich. Brettschneider ist der Einzige, der weiter isst.

Müllers Blick wandert zu ihm hin.

»Feldwebel Brettschneider!«

Brettschneider löffelt weiter, als habe er nichts gehört.

»Herr Feldwebel Brettschneider!« Müllers Stimme ist scharf.

Da dreht Brettschneider den Kopf und fragt: »Hm …?«

Müller ahnt nicht mehr … er weiß plötzlich alles. Er weiß, dass sich hier etwas Widerliches zutragen wird. Jetzt. In den nächsten Minuten.

»Was sagen Sie zu der Bemerkung des Schützen Graninger?«, fragt Müller und knöpft sich die Uniformjacke zu, dreht sich um und tastet nach dem Koppel mit der Dienstpistole.

Regele, blass und nervös geworden, reicht ihm das Koppel. Müller schnallt es um, zupft den Rock zurecht und bleibt hoch aufgerichtet vor dem Bett stehen.

»Ich habe Sie etwas gefragt, Feldwebel Brettschneider«, ermahnt er mit fremder Stimme, in der ein gefährlicher Unterton mitschwingt.

Brettschneider legt den Löffel neben das Kochgeschirr und steht langsam auf. Die betonte Lässigkeit, mit der es geschieht, lässt bereits jetzt schon die Antwort vermuten.

»Tja«, sagt Brettschneider und holt schmatzend einen Fleischrest aus dem Backenzahn, »was soll ich

154

Ihnen da antworten, Herr Oberleutnant? Eigentlich gibt's da keine Antwort mehr. Der Graninger hat ja schon alles gesagt.«

Müller kommt näher. Sein Blick ist schmal und durchbohrend. »Und wie soll ich Ihr Verhalten von vorhin verstehen? Warum haben Sie Scholz geschlagen?«

»Das ist etwas ganz anderes, Herr Oberleutnant«, erwidert Brettschneider mit aufreizender Ruhe. Er ist aber gar nicht so ruhig, wie er sich den Anschein geben will. »Scholz hat mich beleidigt.«

»Mit Recht, Brettschneider!«

Ein tückischer Blick huscht in Müllers Gesicht. »Mit Recht?«, wiederholt der Feldwebel.

»Ja, mit Recht. Sie sind ein Verräter, Brettschneider.«

Die Mienen der im Kreis stehenden Männer spannen sich, sind wachsam. Nur die fünf Mann, die auf Graningers Seite stehen, haben sich abgesondert und warten im Hintergrund auf das Weitere.

Brettschneider grinst leer. »Verräter?«, fragt er. »Ist es Verrat, wenn einem die Vernunft sagt, dass der Krieg für uns aus ist? Und er ist aus, Oberleutnant Müller«, ruft er mit erhobener Stimme. »Er ist für uns aus, seit wir Charkowka geräumt haben!«

»Ich war leider ausgefallen«, sagt Müller, »das bedauere ich jetzt sehr, Brettschneider. Mir kommt es nämlich vor, als hätten Sie Brand und seine Leute als Lückenbüßer zurückgelassen! Sie haben sich auf Kosten dieser Kameraden abgesetzt, Brettschneider! Sie sind ein Lump, ein ganz dreckiger, feiger Lump sind Sie!«

»Pfui Teufl!«, ruft jemand aus dem Kreis.

Brettschneider behält die starre Ruhe; er grinst nur. Und dieses Grinsen ist so widerlich, dass Müller rotzusehen beginnt.

»Ich werde Sie davon überzeugen, dass der Krieg noch nicht aus ist!«, schreit Müller. »Solange ich noch diese Uniform hier trage, werde ich dafür sorgen, dass …«

»Machen Sie sich doch nicht lächerlich, Herr Müller«, fällt ihm Brettschneider ins Wort.

Und nun zeigt es sich, dass Oberleutnant Müller noch immer der Mann ist, den seine Männer achten und schätzen. Schlagartig bricht die Hölle los. Zwei Mann fallen von rückwärts über Brettschneider her und bearbeiten ihn mit Fäusten. Nicht besser ergeht es Graninger, der sich plötzlich in eine Ecke geschleudert sieht und den Kopf unter den Armen verbirgt, um den Fußtritten und Fausthieben zu entgehen. Blumberger, Eichler und Moosbauer werden ebenfalls verdroschen. Schäfer und Schramm sind unter den Tisch gekrochen und verteidigen von dort aus ihre Haut.

Niemand achtet auf die drei Menschen hinter dem Bretterverschlag. Alexei Kokowkin, Karinka und die Großmutter mit dem Kind auf dem Arm verkriechen sich in dem Verschlag und horchen angstvoll auf das Kampfgetöse nebenan.

Plötzlich schrillt ein Pfiff. Noch einmal. Ein drittes Mal.

Oberleutnant Müller lässt die Trillerpfeife sinken.

»Aaaachtung!«, schreit er in den Menschenknäuel hinein. »Seid ihr verrückt! Achtung!«

Nur widerwillig lassen die Kämpfer voneinander ab. Der Obergefreite Danner brüllt jetzt in den Haufen: »Aufhören! Verdammt, hört ihr denn nicht, ihr Heinis!«

Keuchend lassen die Männer von den Meuterern ab. Blut rinnt aus Nasen und Mundwinkeln. Die Kochgeschirre sind zertrampelt worden. Die Bouillonbrühe ist verschüttet. Karabiner und Ausrüstungsgegenstände liegen in kunterbuntem Wirrwarr herum. Zerzauste Köpfe und zerkratzte Zorngesichter schauen auf.

Die Verprügelten rappeln sich hoch und nehmen stramme Haltung an.

Brettschneider kommt als Letzter in die Höhe; er sieht jämmerlich zugerichtet aus. Sein rechtes Auge schwillt sichtbar an, Blut rinnt ihm aus dem Mundwinkel.

Oberleutnant Müller steckt die Trillerpfeife in die Brusttasche und setzt sich auf die Bettkante nieder. Ihm ist hundeelend zu Mute.

»Lasst sie!«, sagt er erschöpft. »Gebt Ruhe und benehmt euch wie Menschen!«

»Aufhängen sollte man die Verräterschweine«, keucht Scholz, der sich in dem Handgemenge besonders bewährt hat; er blutet aus einer tiefen Kratzwunde im Gesicht.

Müller gibt sich einen Ruck.

»Mal herhören, Leute!«, ruft er und steht auf. Sein Blick wandert über die schnaufenden, keuchenden Männer. »Was eben passiert ist, war eine Sauerei ersten Ranges. Ich will dafür Verständnis haben. Bevor ich aber an die sechs Mann eine Frage richte, will ich eine kleine Geschichte erzählen. Mein Vater diente als einfacher Soldat im Ersten Weltkrieg. Im Sommer 15 kämpfte er in Russland und geriet Ende August in russische Gefangenschaft. Heimgekehrt ist er erst neun Jahre später. Aus Sibirien. Er starb an den Folgen einer viehischen Gefangenschaft. Das war ein Jahr, nachdem er in der Heimat ankam. So«, sagt Müller und wischt sich über die perlende Stirn, »das wollte ich euch erzählen, damit ihr … damit verschiedene Herren sich Gedanken darüber machen, wie es ist, wenn man die Hände hochhebt und aufgibt.«

Schweigen.

»Danner!«, ruft Müller jetzt. »Herkommen! Schreiben Sie die Namen der Männer auf, die ich jetzt aufrufe und die an meine Seite treten.«

»Jawoll, Herr Oberleutnant.« Danner fischt nach seiner Meldertasche und nimmt Block und Bleistift heraus.

»Scholz!«, ruft Müller den Ersten auf, und Scholz ruft »Hier«, kommt heran und stellt sich neben Danner, der seinen Namen in den Notizblock schreibt. Zwölf Mann sind es, die Müller aufruft und die sich neben ihm aufstellen. Die fünf Verwundeten melden sich nur mit einem »Hier« und heben zustimmend die Arme. Brettschneider und die sechs Abtrünnigen bleiben jenseits des Tisches.

Müller macht einen Schritt vor und schaut die Männer der Reihe nach an.

»Ich gebe euch noch einmal eine Chance, Leute«, sagt er müde. »Ich frage euch, ob ihr alles vergessen wollt, was wir gemeinsam durchgemacht haben:

Strapazen, Dreck, Kameradschaft, Not und oft auch, so wie jetzt, Verzweiflung! Es steht euch nichts Gutes bevor, Leute – eine Gefangenschaft, die schlimmer werden kann als das Umkommen in einem Schneeloch oder der Tod durch eine Kugel! Feldwebel Brettschneider!« Müller wendet sich an den Mann, der mit gespannter Miene die Rede Müllers verfolgt hat. »In Charkowka hatte ich noch Achtung vor Ihnen – jetzt könnte ich Sie niederknallen wie einen Hund. Ich hätte wirklich mehr von Ihnen erwartet, Brettschneider!«

»Und ich hätte Sie im Dreck zurücklassen sollen«, erwidert Brettschneider. »Stattdessen habe ich mir die Mühe gemacht und Sie auf den Schlitten gepackt! Jetzt wollen Sie mich dafür niederknallen! Tun Sie 's doch schon!«, schreit er Müller an und drischt sich mit den Fäusten auf die Brust. »Ziehen Sie die Knarre, und schießen Sie! Aber Sie sind ja zu feig dazu! Sie hätten Pastor werden sollen und kein Kompanieoffizier.«

»Halt die Schnauze, du falscher Hund!«, regt sich Danner auf.

»Ruhe!«, ruft Müller dazwischen. »Danner, das ist meine Sache. Ich mache sie allein mit Feldwebel Brettschneider aus.«

Der Obergefreite tritt zurück und stellt sich hinter Müller.

Der wendet sich wieder Brettschneider zu. Der Ton, mit dem er die Auseinandersetzung fortführt, ist gemäßigt und überlegen. Müller will sich nicht zu einer unbesonnenen Tat hinreißen lassen, obzwar er dazu das Recht hätte – ein Recht, das im Kriege je-

159

dem Kompanieführer, jedem Offizier zusteht: die sofortige Erschießung eines Meuterers.

»Brettschneider«, sagt Müller in klarer Ruhe, »ich weiß, dass Sie mich hassen. Wir zwei verstehen uns einfach nicht. Unsere Ansichten sind zu verschieden, als dass wir sie auf einen gleichen Nenner bringen könnten. Ich gebe Ihnen und diesen sechs Mann dort noch eine Chance – eine letzte! Kommen Sie zu uns zurück! Sagen Sie diesen Männern dort, dass sie einen Fahneneid geleistet haben und deutsche Soldaten sind, solange sie die Uniform tragen!«

Schweigen. Brettschneider dreht sich langsam um. Sein heller Blick fasst Graninger. Dann die andern.

In die lähmende Stille hinein fallen Müllers Worte: »Zwei Feldzüge haben wir miteinander ausgefochten, durch Dreck und Not sind wir marschiert ... immer Seite an Seite! Wir haben gesungen und geflucht, und wir haben gehungert, gekämpft und gefroren. Himmel, und das wollt ihr alles vergessen, nur weil es im Augenblick so aussieht, als wären wir im Eimer?«

Hinter Müller stehen die Getreuen und schauen mit verkniffenen Mienen auf die Meuterer. In den Fäusten zuckt es, aber niemand rührt sich von der Stelle. Alle warten auf das Ergebnis dieses ermahnenden, eindringlichen Appells an die Gesinnung, die bisher alle zusammenhielt.

Brettschneider sagt kein Wort; er schaut nur die sechs an. Jedem blickt er durchdringend in die Augen. Das feiste, bartstoppelige Gesicht des Feldwebels spannt sich wie unter einer gewaltigen inneren Anstrengung.

Da löst sich Graninger aus der Gruppe und geht zu Danner hin, klappt die Hacken zusammen und murmelt mit abgewandtem Gesicht:

»Schreib mi ein, Danner … i mach' wieder mit.«

Danner nickt und winkt Graninger mit dem Kopf zur Seite.

Jetzt setzt sich auch Moosbauer, der kleine, wieselflinke und sonst immer heitere Berchtesgadener, in Bewegung, baut sich vor Danner auf und meldet:

»Mich aa einschreiben, Danner.«

Als Nächster kommt Schäfer, der Augsburger, rüber und bezeugt mit einem unverständlichen Gemurmel, dass er wieder mitmachen mochte. Ihm folgen Eichler, Blumberger und als Letzter Schramm.

Müller lächelt unmerklich. Er schaut unverwandt Brettschneider an.

Der wappnet sich mit einem starren Grinsen; er nickt nur und geht zum Kamin. Dort setzt er sich auf den Aufbau und knackst mit den Fingergelenken.

»Brettschneider«, sagt Müller, am Tisch stehend, »ich gebe Ihnen noch drei Minuten Bedenkzeit … Drei Minuten, verstehen Sie mich?«

Brettschneider hebt den kantigen Schädel.

»Zwecklos, ich bleibe bei meinem Wort.«

»Sie werden es bereuen, Brettschneider«, warnt Müller.

»Schießen Sie mich nieder!«, grinst Brettschneider herüber. »Los … machen Sie 's doch schon!«

»Das überlasse ich der zuständigen Instanz«, erwidert Müller. »Es widerstrebt mir, einen Mann zu erschießen, der mich aus einem zusammengeschossenen Stützpunkt herausgebracht hat. Aber eines sage ich Ihnen, Brettschneider: Ich kann Sie nicht davor bewahren, Sie vor das Kriegsgericht zu bringen! Sie zwingen mich dazu, Sie als verhaftet zu erklären. Legen Sie Ihr Koppel ab, Brettschneider!«

Der Mann am Kamin schnallt das Koppel ab, steht auf und wirft es samt der Pistole auf den Tisch.

»Es tut mir Leid«, murmelt Müller, nimmt Koppel und Pistole und reicht beides nach rückwärts. »Ihr Fall wird woanders aufgerollt werden.«

Brettschneider bleibt scheinbar unberührt. Nur an dem Zucken der starken rostbraunen Brauen könnte man seine innere Erregung wahrnehmen. Er sagt jetzt:

»Sie glauben doch nicht etwa, dass Sie mich bis nach Dingsda oder sonst wohin bringen können? Denken Sie wirklich, Sie kommen heil an die finnische Grenze? Dass ich nicht lache! Krepieren werdet ihr alle, verhungern, erfrieren! Was seid ihr doch für Idioten!« Er klatscht sich schallend an die Stirn, lacht und macht auf dem Absatz kehrt, hockt sich wieder vor dem Kamin nieder und schürt das Feuer nach.

»Fertig machen zum Abmarsch!«, befiehlt Müller und kehrt Brettschneider den Rücken zu.

Nicht nur die Männer der vierten Kompanie haben dem Vorfall mit Spannung, Sorge und geballten Fäusten beigewohnt, sondern auch Alexei Kokowkin und seine arg zusammengeschmolzene Familie waren Ohren- und Augenzeugen der turbulenten Auseinandersetzung innerhalb einer deutschen Soldatengemeinschaft.

Abgesehen davon, dass Alexei Kokowkin und Karinka, die inzwischen sich wieder zum Mann ver-

162

wandelt hat, der handfesten Keilerei in der Block-
hausstube ein schwaches Lächeln heimlicher Genug-
tuung abgewann, abgesehen davon, dass es ihnen fast
diebische Freude bereitete, wie kräftig die Prügelei
war, so konnten sie sich doch einer bestimmten Sorge nicht verschließen, die das Schicksal von drei
Menschen und einem Kind eintrübte.

Was hatte das alles zu bedeuten? Warum wurde
aufeinander losgedroschen? Warum kam plötzlich
wieder Ordnung in den tobenden Soldatenhaufen?

Weder der alte Kokowkin noch Karinka und
schon gar nicht die Großmutter verstehen, was der
Grund sein könnte. Die gebrüllten Worte, das Geschrei, das Gefluche – alles wurde in deutscher Sprache geführt, wenngleich alles darauf hindeutete, dass
innerhalb dieser Soldatengemeinschaft widerspensti-
ge Gesinnungsströme zum Durchbruch kamen. Der
Alte und Karinka haben gesehen, wie der unsympa-
thische Feldwebel abgekanzelt wurde, wie er sein
Pistolenkoppel abgeben musste, wie lange und er-
mahnend auf ihn eingeredet wurde, und sie haben
auch gesehen, wie der grobe Deutsche, der etliche
Menschenleben auf dem Gewissen hat, sich aus dem
Kreis der anderen absonderte und wie ein Ausgestoßener neben dem Kaminfeuer niederließ.

»Sie gehen fort, hörst du?«, flüstert der alte Kokowkin seiner Tochter zu. »Wir können bald auf-
atmen!«

Karinka friert. Eine seltsame Angst klemmt ihr
das Herz ein; es pocht hart und schmerzhaft bis zum
Hals herauf. Warum nur?

»Der glatzköpfige Deutsche wird hier bleiben«,

flüstert sie zurück. »Hast du nicht gesehen, dass er von den anderen ausgestoßen worden ist? Sie haben ihn geschlagen, sie wissen, dass er ein Schwein, ein Hund ist!«

»Bei Gott«, stammelt der Alte erschrocken, »du hast Recht! Sie lassen ihn hier! Er wird uns wieder auf der Seele knien und drohen! Er wird dich sicher … O Gott«, stöhnt Alexei Kokowkin und schlägt die Hände vors Gesicht. Er sieht plötzlich ein grausiges Bild vor den Augen: eine einsame Blockhütte, Karinka in höchster Angst. Hinter ihr her der glatzköpfige Deutsche. Er fängt sie, er reißt sie an sich und zwingt sie in den Schnee. Und dann …

Alexei Kokowkin lässt die Hände sinken und richtet einen trüben Blick auf die Tochter.

»Glaubst du, dass er dableibt?«

»Bestimmt, Väterchen«, flüstert sie.

Das Kind wimmert in den Armen der Großmutter. Stirbt es schon? Es kann nicht mehr lange dauern, dann fährt das kleine Seelchen in den Himmel auf. Kein Essen da, keine Milch, keine Mutter, kein Vater.

»Bosche, bosche …«, jammert die alte Frau und presst das Kind an die Brust. »Was soll geschehen, was soll geschehen? Der Himmel straft uns arg … er hat uns vergessen.«

Karinka starrt blicklos auf den schmutzigen Boden, der zur neuen Heimat geworden ist. Es muss doch etwas geschehen! Man darf nicht hier bleiben, wenn der glatzköpfige Deutsche von den Seinen ausgestoßen wird!

»Väterchen.«

»Was ist, mein Täubchen?«

»Ich weiß einen Ausweg«, flüstert Karinka, während nebenan ein Scharren und Poltern anhebt, ein Stöhnen und Fluchen. Denn die Deutschen tragen jetzt die Verwundeten hinaus und legen sie auf den Schlitten.

»Was ist das für ein Ausweg?«, fragt der alte Kokowkin.

»Wir beide gehen mit den Deutschen und zeigen ihnen den Weg zur Grenze. Großmutter bleibt da und wartet, bis wir fort sind. Dann soll sie nach Charkowka zurückgehen. Unsere Soldaten sind in Charkowka, sie werden einer alten Frau und einem neugeborenen Kind nichts antun. Im Gegenteil! Eine Stube wird frei werden, warmes Essen wird es geben! Väterchen ... Papascha, es sind ja unsere Soldaten!«

Der alte Kokowkin wiegt den weißen Mähnenkopf. Karinkas Rat ist nicht schlecht, doch er birgt die Gefahr, dass Matj mit dem Enkelkind im Schnee stecken bleibt und jämmerlich umkommt.

»Matj«, sagt der bejahrte Sohn zu seiner Mutter, »kannst du allein nach Charkowka gehen ... mit dem Kind? Wirst du noch so stark sein?«

Die alte Frau versteht nicht gleich, und Alexei Kokowkin muss ihr erst alles lang und breit auseinander setzen. Schließlich aber begreift sie doch und nickt mit dem schwarz verhüllten Kopf. Das welke Gesicht schaut unter dem schweren Tuch hervor, die hellen Augen haben einen zuversichtlichen Glanz.

»Da, Alexei ... da ...« Ja, heißt das, ja, Alexei.

Und sie will sich schon erheben, um gleich fortzugehen.

165

»Lass dir Zeit, Matj«, sagt Alexei Kokowkin, »erst wenn die Deutschen fort sind, morgen früh erst.«

Sie besprechen sich leise. Die Großmutter weint nicht mehr und sieht sich schon in Charkowka. Mögen dort auch die Häuser niedergebrannt sein, mag der Weg weit sein und der Schnee tief – es ist besser, in Charkowka zu sein, als hier in diesem elenden Haus am See, wo fremde Soldaten schreien und trampeln, wo Angst und Sorge die Herzen bang werden lassen.

»Gott wird mir helfen«, flüstert die Großmutter. »Geht ihr nur fort – zur Grenze. Schafft sie fort, die fremden Männer, weit fort, auf dass sie nie mehr wiederkommen!«

Keiner der drei weiß es, dass der glatzköpfige Deutsche nicht hier bleiben wird, sondern als verhafteter Soldat mitgehen muss. Die Angst, Brettschneider könnte zurückbleiben, treibt Alexei Kokowkin hinaus zu dem Offizier.

»Pan, wir führen euch«, sagt Alexei Kokowkin und gestikuliert mit der Hand in Richtung der verlorenen Weiten, wo tief verschneite Wälder liegen und die vielen Seen. »Mein Sohn und ich werden euch führen, Pan Offizier. Lasst nur eine Fleischration für meine alte Mutter und das Kind zurück.«

Müller versteht den plötzlich so bereitwilligen Russen nicht.

»Nie Ponjemaju, Towarisch«, sagt er.

Da tippt Alexei Kokowkin erst gegen seine, dann auf Karinkas Brust und radebrecht mühsam: »Ichiii und er ... mitkommen! Granize ... Finnland ... Ponjemaju, Pan Offizier?«

Jetzt versteht Müller. Er freut sich, klopft dem alten Russen auf die Schulter und sagt: »Spassibo, spassibo! Brav von dir, Alter!« Und dreht sich zu den herumtapsenden Männern um: »He, wir haben einen Führer, Leute! Der Russe kommt mit!«

»Det is anständig«, grinst Regele, »det is ne Wucht! Nu kann uns nischt mehr passier'n!«

Die Verwundeten liegen auf dem Schlitten: Heine, Köhler und Lankowitz. Wie die Heringe sind sie hingeschichtet worden und mit den paar Decken zugedeckt. Ringsum treten die Soldaten an. Danner ruft »Stillgestanden!«, geht zu Müller hin und macht seine Meldung: »Kompanie mit 18 Mann abmarschbereit.«

Müller dankt. Dann lässt er den Haufen rühren und sagt:

»Kameraden, es geht los. Ich kann keinem versprechen, dass wir heil ankommen, aber wir versuchen es. Vielleicht haben wir Glück. Glauben wir daran, dann schaffen wir es. Wenn einer liegen bleiben muss, stirbt er für Deutschland. Nur keine Angst vor dem Tod, Leute – der ist gar nicht so fürchterlich, sondern ein Freund, der alles schmerzlos macht. Ich muss euch das sagen, weil er uns auf dem Marsch begleitet.«

Müller schaut über die Köpfe seiner Männer hinweg zur Blockhaustür.

Brettschneider steht dort, im langen, unförmigen Mantel, ohne Koppel, den Kopfwärmer auf und die Feldmütze daraufgestülpt, die Hände in den ausgebuchteten Manteltaschen versenkt.

»Brettschneider, Sie werden verwarnt. Ich verbiete es Ihnen, sich von der Kompanie unerlaubt zu entfernen. Sie marschieren hinter dem Schlitten. Wenn Sie einen Fluchtversuch unternehmen, werden Sie erschossen.«

Brettschneider verbeugt sich zustimmend, kommt herab und stellt sich hinter den Schlitten.

»Auf, meine Herren«, witzelt er, »spazieren wir in die Ewigkeit! Los, Herr Müller, geben Sie Ihr Kommando dazu!«

»Kompanie – marsch«, befiehlt Müller und winkt Alexei Kokowkin und seinem Sohn.

Die beiden merken erst jetzt, dass sie sich an eine Sache herangedrängelt haben, die eigentlich ganz anders verlaufen ist. Der schlechte Deutsche kommt ja mit! Er kommt mit! Er bleibt nicht zurück, wie sie es angenommen hatten. Du lieber Gott, was nun?

»Pascho, Väterchen«, sagt Karinka entschlossen, »es ist nicht mehr zu ändern.«

Noch einmal winken die beiden der alten Frau unter der Blockhaustür. Dunstwolken quellen aus der Hütte und strömen dem überhängenden Dach zu. Die Großmutter drückt mit der einen Hand das Kind an sich, mit der anderen winkt sie.

Die Kolonne hat sich in Bewegung gesetzt, und der Schlitten mit den langen Menschenbündeln darauf gleitet der weißen, glatten Fläche zu.

Die alte Frau unter der Haustür schlägt das Kreuzzeichen hinter den langsam davongehenden Gestalten her und murmelt etwas; dann tritt sie in die leer gewordene Hüttenstube zurück, und die Tür schließt sich.

Der Tag ist hell und kalt. Der Himmel ist von ei-

168

nem durchsichtigen Blau, aber er hat keine Tiefe und keine Liebe. Er ist wie eine harte Glasglocke, fremd und ohne Grund, ohne Gnade, starr, wie ein Totengesicht. Die Sonne hängt wie eine abgegriffene Silbermünze am westlichen Horizont. Die Welt ist still und ohne Atem.

Am jenseitigen Seeufer verschluckt das Land die dunklen Punkte, und nur eine zertrampelte Spur zeigt die Richtung, in der eine verlorene Kompanie verschwunden ist.

Unbeschreiblich öde, ohne Gestalt und ohne Grenzen ist das Land, durch das sich eine Menschenschlange windet. Rätselvoll und von unsichtbarem Hass erfüllt gähnt von allen Seiten die Weite heran, in der sich der Zug bewegt und einen Schlitten mit sich zieht. Eine Mondlandschaft ist es, in der die Seelen von Erstarrung bedroht werden – eine Landschaft, die jenseits der Menschheit zu liegen scheint.

Das Schicksal wird ihnen nichts ersparen, diesem vertrauenden Männerhaufen. Was der Mensch nur an Strapazen ertragen kann, wird ihm auferlegt werden. Wird der Wille die Kräfte dieser Männer sammeln? Werden diese Körper, die zerbrechlichen Maschinen gleichen, die Qualen dieses Marsches aushalten? Werden sie durch die Bezirke des weißen Grauens kommen, ohne Opfer zu bringen?

Manchem hat der Arzt früher einmal gesagt: »Hüten Sie sich vor nassen Füßen«, oder »Nehmen Sie sich vor dem Ostwind in Acht, sonst bekommen Sie eine Grippe.«

Jetzt ziehen sie bei 40 Grad Kälte durch ein Panorama eiszeitlicher Einsamkeit und schweigenden Grauens.

Sie sehen alle gleich aus: weiße vermummte Gestalten in langen schweren Mänteln und geschützten Gesichtern, die man nicht mehr namentlich feststellen kann. Diese Menschen kommen aus verschiedenen Berufen, doch das ist jetzt vergessen und von dem Feldgrau der Uniformen ausgelöscht.

Der Abend naht. Sie sind nicht weiter als knapp 15 Kilometer gekommen. Sie waten der Spur nach, die der Schlitten zieht, sie starren in das bleiche Weiß nieder und hören das Keuchen und Schnaufen des Nebenmannes. Sie setzen Schritt vor Schritt und rechnen aus, dass mit jedem Schritt das Ziel näher rückt. Ein weites Ziel. Nur Alexei Kokowkin weiß, wie viele Meilen es entfernt liegt – weit hinter dieser Welt, die aufgehört zu haben scheint, in der es keinen Baum, keinen Strauch, kein Haus gibt.

Oder doch?

Nein. Noch nicht.

Sie arbeiten sich einen flachen Hügel hinauf. Der Schlitten gleitet nach. Die darunter liegenden Gestalten geben kein Lebenszeichen von sich. Sind sie schon tot? Erfroren? Der Heine mit dem Kopfschuss, der Köhler mit dem Schussbruch, der Lankowitz mit der zerschmetterten Schulter. Nein, sie leben noch, aber sie spüren, dass sie sterben, seit sich der Schlitten in Bewegung gesetzt hat, seit die Stunden ebenso langsam dahinkriechen wie der Schlitten, vor dem sich immer vier Mann abwechseln.

Die blasse Sonne ist verschwunden, kalte, lichtblaue Dämmerung flutet herbei, im Osten in dunklere Farbtöne übergehend. Die ersten Sterne sind zu sehen, kalt funkeln sie herab, unberührt von dem, was unter ihnen kreucht und keucht.

Die Kompanie kommt auf der Hügelkuppe an. Müller befindet sich in einer Art Trancezustand, aus dem er die eigenen Bewegungen nur undeutlich wahrnimmt. Der Marsch durch den leise sirrenden Schnee, das Waten durch dieses endlose weiße Meer hat die letzten Kraftreserven aufgebraucht. Weit schafft er es nicht mehr, der kaum vom rasenden Fieber Genesene. Die Erschöpfung dröhnt in den Ohren, die Beine zittern, im Kopf tobt ein dumpfes Hämmern.

Müller ist die ganze Zeit über neben Brettschneider marschiert. Kein Wort ist gesprochen worden. Stark und unverwüstlich wie ein Bär ist Brettschneider nebenher gegangen und hat gelegentlich einen Blick zur Seite geworfen. Aber diese hagere Gestalt im langen Mantel ist nicht zusammengeklappt, ist weitermarschiert, ohne auch nur einmal nach dem Schlitten zu greifen, um sich festzuhalten und mitziehen zu lassen.

Sie halten an. Die Männer vor dem Schlitten japsen nach Luft und werfen die Stricke ab, an denen sie gezogen haben. Die Letzten schnaufen herauf und sammeln sich auf der Hügelkuppe.

»Geht's noch, Herr Oberleutnant?«, fragt Regele und schaut forschend in das überzuckerte Gesicht Müllers.

»Es geht, Regele.« Müller wendet sich an Brettschneider: »Fragen Sie den Russen, wie weit er noch marschieren will.«

Brettschneiders Miene verzerrt sich; es soll ein Lächeln sein. Er freut sich, dass man ihn noch braucht, er weiß genau, dass er noch oft gebraucht wird.

Brettschneider geht zu den beiden etwas abseits rastenden Gestalten. Alexei Kokowkin und Karinka sprechen leise miteinander. Als Brettschneider herankommt, verstummen sie.

»He, wie weit geht es noch?«, fragt Brettschneider.

Alexei Kokowkin deutet in Richtung eines dunklen Streifens. »Bis dort hinüber ... nicht mehr weit ... wo der Wald beginnt.«

»Sollen wir die Nacht im Schnee verbringen?«

»Im Wald von Tujamaskia wohnt ein Freund«, antwortet Alexei Kokowkin. »Vielleicht lebt er noch und kann uns seine warme Stube anbieten. Ich habe ihn viele Jahre nicht mehr gesehen.«

»Ein Freund? Was für ein Freund?«

»Er lebt von dem, was ihm Gott schenkt – er ist Jäger und stellt im Winter Fallen auf, um Pelze zu sammeln. Towarisch Urusewskij heißt mein Freund, aber wie gesagt, ich habe ihn viele Jahre nicht gesehen und weiß nicht, ob er noch lebt und an der Stelle wohnt, die ich kenne.«

Brettschneider hat die ganze Zeit hindurch, während er fragte und Alexei Kokowkin Antwort gab, Karinka angestarrt. Sie aber stand abgewandt da und mochte den Blick nicht heben. Auch jetzt mag sie den Deutschen nicht ansehen, als er sie fragt:

»Und du? Warst du schon einmal in dieser Gegend?«

Alexei Kokowkin gibt die Antwort darauf:

172

»Ja. Wir sind oft gemeinsam durchs Land gewandert, wenn der Sommer das Land verschönte.«

Brettschneider nickt nur.

»Paschol, Towarisch«, grunzt er, »führe uns zu deinem Freund.«

Eine halbe Stunde später hat die Kompanie den Waldstreifen erreicht und verfolgt einen schmalen Weg, der von rechts heranführt, schlängelt sich noch etwa einen Kilometer weit durch tief verschneiten Wald und endet schließlich vor einem niedrigen, aus rohen Baumstämmen gefügten Haus. Das Dach senkt sich in der Mitte unter der dicken Schneelast wie der Rücken eines ausgedienten Maultieres. Brennholz ist an den Hauswänden aufgeschichtet und rahmt die beiden winzigen Fenster ein, aus denen ein dünner Lichtschein fällt.

Zwei Hunde beginnen ein rasendes Gekläffe. Der Lärm bewirkt, dass eine Tür geöffnet wird und die Umrisse einer riesigen Gestalt auftauchen. Der Mann kommt gebückt aus seinem Haus und richtet sich auf. Eine dröhnende Bassstimme fragt etwas.

Alexei Kokowkin ist auf den Mann zugegangen. Sie sprechen miteinander. Dann ertönt das klatschende Geräusch eines derben Schulterschlages, dann wird geflüstert. Sehr lange und in erregtem Ton.

Die Kompanie steht wachsam im Schnee. Die Fäuste umklammern die Waffen. Man wartet. Fünf Minuten dauert das halblaute Gespräch zwischen Towarisch Kokowkin und dem Fallensteller von Tujamaskia. Dann kommt Alexei auf Müller zu und sagt etwas.

Brettschneider übersetzt die Worte:

»Wir sollen reinkommen und uns am Feuer wärmen. Die Stube ist aber klein, und der Russe befürchtet, dass nicht alle Platz haben werden.«

Sie ist wirklich sehr klein, die Stube des Fallenstellers. Sie sieht aus wie eine Höhle. Ein offenes Feuer flackert in der Mitte des Raumes und wirft ein rötliches, tanzendes Licht auf die Wände, an denen die Geräte eines Jägers hängen: Felle, zum Trocknen aufgespannte Bälge, eine Schrotflinte und ein altertümliches Kugelgewehr. Die Balkendecke hängt so tief herab, dass selbst Alexei Kokowkin, der nicht allzu groß ist, den Kopf einziehen muss. In einem Winkel liegen schöne Felle und verraten, dass sie dem Hausbesitzer als Lager dienen. In der Ecke steht ein klobiger Tisch, auf dem Brot und ein Klumpen geräuchertes Fleisch liegen, dazu ein Becher und eine Kanne, aus der der Duft von Tee strömt. Igor Urusewskij heißt der Besitzer dieses malerischen Tuskulums; er passt in dieses hinein wie die Faust aufs Auge. Eine zottige Gestalt ist es, die den Deutschen Eintritt in die warme Stube gewährt, ein Riese von fast zwei Meter Länge, mit einem kohlschwarzen Zausebart, der bis zum Gürtel reicht, und den Augen, die etwas zu dicht nebeneinander stehen und schielend wirken. Diese Augen sind erstaunt aufgerissen, weil Towarisch Kokowkin gesagt hat, dass diese Männer allesamt Deutsche seien und keine russischen Soldaten, wie Igor erst angenommen hatte. Und weiter hat Towarisch Kokowkin dem Towarisch Urusewskij in aller Eile gesagt, dass die Deutschen auf dem Weg zur Grenze seien, weil sie dort auf die Eigenen zu stoßen hofften, und weil sie in einem mörderischen Kampf bei Charkowka eine Niederlage erlitten hätten.

Fast bereut es Igor, sie eingelassen zu haben, als er sieht, dass sich die Stube mit lauter Feinden füllt, die erschöpft die Waffen ablegen, die Mäntel ausziehen und die Gesichtsvermummungen abnehmen. Es bleibt Igor gar nichts anderes übrig, als sich mit dem Towarisch Kokowkin und dessen in Männerkleidern steckender Tochter in einen Winkel zu flüchten und den Eindringlingen den Platz vor dem Feuer zu räumen. In diesem Winkel erfährt Igor dann auch noch den Rest der Ereignisse; kopfschüttelnd nimmt er alles zur Kenntnis, und die Blicke, mit denen er auf die fremden Soldaten schaut, sind nicht gerade freundlich.

»Sie haben dich gezwungen, sie zur Graniza zu führen?«, fragt Igor leise den Freund, und Towarisch Kokowkin muss eingestehen, dass von einem Zwang eigentlich nicht die Rede sei, und dass dieser Führung ein Irrtum zu Grunde läge, der jetzt nicht mehr gutzumachen sei. Erst als Alexei Kokowkin den Handschuh auszieht und Igor den blitzenden Brillantring zeigt, ist Igor geneigt, die Tat seines Freundes als verständlich anzusehen, denn der Ring ist schön und wahrscheinlich auch so kostbar, dass man sich ein Jahr lang davon ernähren könnte.

So hocken die drei Russen im äußersten Winkel der Jagdhütte und beäugen aufmerksam das Treiben der deutschen Soldaten. Sie haben die Verwundeten herbeigeschafft. Der eine stöhnt, als läge er im Sterben. Köhler kann sich eines lauten Jammerns nicht erwehren. Die Schmerzen im Bein sind rasend. Re-

175

gungslos liegt der kopfverwundete Heine am Boden. Sein Gesicht ist spitz und gelblich. Die Augen liegen tief in den Höhlen. Der bartstoppelige Mund steht halb offen und zeigt die Zähne.

Eigentlich lag Heine immer still und apathisch da, hatte nur manchmal geseufzt, aber wie er jetzt daliegt ... so sieht nur ein Toter aus.

»Aus!«, murmelt Regele.

Wieder einer weniger. Er starb lautlos. Sie schaffen ihn hinaus und legen eine Zeltbahn über ihn. Morgen wird der Soldat Heine sein Schneegrab bekommen ... morgen.

Keiner spricht. Das Gerät, die Waffen, die Kochgeschirre klappern leise. Manchmal wird ein Fluch gemurmelt. Man holt die gefrorenen Fleischbrocken her und stopft sie in einen verbeulten Topf, geht daran, eine dünne Fleischplörre zu fabrizieren, die den Magen anwärmen und das Gefühl erwecken soll, man habe etwas gegessen. Regele bettet die beiden anderen Schwerverwundeten auf das Felllager.

Als Graninger das Brot und den luftgetrockneten Wildschweinschinken auf dem Tisch des Felljägers findet, ist er drauf und dran, sich über die lang entbehrten Leckerbissen zu stürzen.

»Mensch, a Schink'n ... a echter, guater Wildbraatschink'n!«

Müller steht plötzlich hinter Graninger.

»Legen Sie ihn hin, Graninger, begnügen wir uns mit dem, was wir haben.«

Es fällt dem Bayer lausig schwer, den Schinken und das Brot hinzulegen, er tut es trotzdem, wenngleich ihm der Speichel im Mund zusammenläuft.

»Vielleicht verkaaft er 'n uns«, meint Graninger.

»I tät gern mei Armbanduhr dafür hergeben, Herr Oberleitnant.«

Müller bleibt darauf bestehen, dass die Lebensmittelvorräte des Waldmenschen unangetastet bleiben. Man hat noch Pferdefleisch, das muss genügen.

»Danner, teilen Sie die Wachen ein«, befiehlt Müller. Der Obergefreite ruft sechs Namen auf. Stumm nehmen sie ihr Los auf sich. Pfriemelt und Scholz ziehen als Erste auf und melden sich ab.

Das Feuer flackert in der Mitte des Raumes, der Rauch zieht durch ein Loch in der Decke ab. Dicht gedrängt hocken die Männer in der Nähe der Wärme, löffeln ihr Kochgeschirr leer und rollen sich dann zusammen, um zu schlafen.

Müller kann nicht schlafen, obwohl ihm die Beine wie Bleiklumpen am Körper hängen. Er setzt sich an den Tisch, auf dem ein Hindenburglicht brennt, und breitet die Karte darauf aus. Lange schaut er auf sie nieder, den Kopf in die Hände gestützt. 15 Kilometer sind geschafft worden. Ein Zehntel des Weges. Niemand weiß, was dieser mörderische Marsch noch alles bringen wird, was den Männern bevorsteht, ob auf die beiden Russen Verlass ist. Wer könnte sie daran hindern, die Kompanie den sowjetischen Truppen in die Arme zu führen? Wo stehen sowjetische Truppen? Welcher Weg ist es, den Alexei Kokowkin eingeschlagen hat?

Müller lässt die Hände vom Kopf sinken und schaut in den Winkel, in dem Kokowkin, sein Sohn und der Felljäger hocken und im Flüsterton miteinander schwatzen.

177

Das Licht des flackernden Feuers reicht gerade bis zu den drei Russen hinüber. Ein dunkles, schimmerndes Augenpaar ist auf Müller gerichtet. Karinka schaut herüber. Schon die längste Zeit. Der einsame Mann am Tisch tut ihr Leid. Es ist kein pralles Mitleid, nein, nur eine Regung. Karinka glaubt die Sorgen zu spüren, die der Offizier hat. Wie krank er noch aussieht, wie hohläugig das Gesicht ist, wie wild der blonde Bart um Kinn und Wangen sprießt.

Müller erschrickt fast, als er dem dunklen Blick von drüben begegnet.

»Komm her!«, ruft Müller leise und winkt. Die beiden Russen schweigen plötzlich. Karinka erhebt sich, steigt über die Schlafenden und tritt in den unruhigen Lichtkreis.

»Du nie ponjemaju german?«, fragt Müller und lächelt selbst über seinen Versuch, mit dem jungen Russen eine Verständigung herbeizuführen.

Der schüttelt langsam den Kopf.

Müller deutet auf die Karte und fährt mit dem Finger auf und nieder – eine Richtung entlang, die der finnischen Grenze zuführen soll.

Der junge Russe rührt sich nicht von der Stelle. Die dunklen Augen sind unverwandt auf Müller gerichtet.

»Hier ... zeig mir den Weg auf der Karte ... Karte!«, drängt Müller halblaut. »Komm her ... an den Tisch, hörst du!« Und Müller vollführt die Geste, dass der junge Russe in die Landkarte schauen und den Weg oder eine Kartenstelle zeigen soll.

Da beugt sich Karinka vor. Sie weiß recht gut, wozu eine Landkarte gebraucht wird, sie kennt sich da-

178

mit aus; jetzt sucht sie den Kartenpunkt, von dem aus sie heute losmarschiert sind. Die Stelle ist mit Rotstift angekreuzt.

Müller starrt auf den kleinen, starken Finger, unter dessen Nagel ein dicker Trauerrand gewachsen ist. Dieser Finger gleitet jetzt langsam über die Karte und tippt dann auf eine Stelle. Es ist die finnische Grenze, die Stelle, an der die Bahnlinie Leningrad–Kajaani die Grenze zwischen der Sowjetunion und Finnland durchläuft.

Müller kramt den Zirkel aus der Meldertasche und misst die Wegstrecke genau ab. Jetzt hat er wenigstens einen Anhaltspunkt, jetzt weiß er, wohin der Marsch geht. Vom augenblicklichen Standort bis zum Grenzübergang der Bahnlinie sind es noch etwa 120 bis 125 Kilometer. Luftlinie natürlich. Es ist keine Straße eingezeichnet, die man verfolgen könnte, nur ein dünner Strich, der den Hinweis gibt, dass sommers hier ein Fahrweg vorhanden ist. Diesen dünnen Strich zu verfolgen ist aber gefährlich. Man muss sich nördlich von ihm halten, man darf ihm nicht zu nahe kommen. Die Sowjets können ihn besetzt haben, können ihn trotz des schlechten Zustandes als Vormarschstraße benützen. Die aus den deutschen Kartenarchiven stammenden Messtischblätter sind meist ungenau und oft recht wenig geeignet, eine ausreichende Ortskenntnis zu vermitteln. Immerhin aber hat sich jetzt ein einigermaßen genaues Bild der augenblicklichen Lage ergeben. Müller weiß, dass der weitere Marschweg nördlich dieses eingezeichneten Weges führen muss, weiß, dass er, wenn die Führung verlässlich ist, wenn man in keinen

Hinterhalt gerät, wenn man nicht das Pech hat, einer sowjetischen Patrouille in die Arme zu laufen, dass man in etwa 14 Tagen an der Grenze sein kann … Kann!

Wird es gelingen? Werden die Kraftreserven ausreichen, um diese große und gefährliche Wegstrecke bewältigen zu können?

Der Finger liegt noch immer auf der Landkarte. Müller legt seine Hand darüber und schaut auf.

»Spassibo …«, flüstert er und lächelt, »ich danke dir«, sagt er dann auf Deutsch und drückt die runde Hand des jungen Russen.

Karinkas Blick ist tiefschwarz und offen.

Was hat der Bursche doch für schöne Augen, geht es Müller durch den Sinn. Überhaupt – recht weiche Züge hat dieses Burschengesicht, gar keine männlichen.

Plötzlich geschieht etwas, worüber Müller in maßloses Staunen gerät, was ihn überrascht, obwohl er irgendwie auf diese Überraschung vorbereitet war.

Karinka nimmt die Fellmütze ab. Das schwarze Haar flutet nieder. Der rassige Kopf schüttelt es mit einer eigenwilligen Bewegung noch freier herab; es fließt und schimmert in langen, blauschwarzen Strähnen; es ist wie eine Mantilla über die Schultern gesunken.

Müllers Staunen verwandelt sich in ein Lächeln. Was er jetzt zu sehen bekommen hat, hat er irgendwie geahnt. Immer wenn er dem Blick dieser dunklen Augen begegnete, wenn er länger in dieses Gesicht geschaut hatte, war's ihm, als sähe er weibliche Züge, kam's ihm vor, als schaue eine Frau ihn an.

180

Karinkas Blick ist frei und fast herausfordernd. Dann sagt sie etwas, was Müller nicht versteht; sie hat leise und rasch gesprochen.

In diesem Augenblick bedauert es Müller, dass er nicht die Sprachkenntnisse Brettschneiders hat. Er möchte dem Mädchen etwas sagen.

Er steht auf und reicht ihr die Hand.

»Du brauchst keine Angst zu haben«, sagte er.

Sie erwidert den Druck seiner Hand nicht, nur ihre Augen schauen auf ihn. Lange und forschend. Dann zieht sie ihre Hand zurück, dreht sich um und geht zu den beiden Männern im Stubenwinkel zurück.

Da löst sich eine Gestalt aus dem Hintergrund und kommt auf Müller zu.

Brettschneider hat das Intermezzo beobachtet. Er sitzt auf dem rohen Holzklotz und bedeutet Müller mit einer Handbewegung, Platz zu nehmen.

»Überraschung, was?«, fragt er Müller und grinst. »Ich weiß es auch erst seit heute, dass sie ein Mädchen ist. Karinka heißt sie.«

Müller setzt sich und räumt die Landkarte weg. Plötzlich legt Brettschneider seine behaarte Pranke auf das Kartenblatt und murmelt:

»'ne Frage, Herr Müller.«

Müller schaut den andern kühl an.

»Ist die Marschroute nun klar?«

»Ja.«

»Kann ich sie mal sehen?«

»Was interessiert Sie das?«

»'ne Menge. Ich will wissen, ob der Haufen hier eine Chance hat, anzukommen.«

Müller zieht ihm die Karte unter der Hand weg und faltet sie zusammen.

»Wir werden ankommen, Brettschneider.«

»Und was dann? ... Ich meine, was haben Sie mit mir vor? Wollen Sie mich wirklich vor ein Kriegsgericht stellen lassen, nur weil ich die Ansicht vertrete, dass der Krieg für uns aus ist? Bitte, Herr Müller, sprechen wir doch mal ganz offen darüber ... von Mensch zu Mensch.«

»Gerne.«

»Haben Sie das leere Land gesehen?« Brettschneider beugt sich vor und verschränkt die Arme auf dem Tisch. »Haben Sie das Trostlose dieser Landschaft wahrgenommen? Ja, sicher. Und jetzt fragen Sie sich mal, warum wir hier sind, Herr Müller? Fragen Sie sich, was uns dieses Land hier angeht? Was wollen wir mit einem solchen Land? Uns ausdehnen ... Platz schaffen für das deutsche Volk? Dass ich nicht lache! Kein einziger Deutscher wird sich hier ansiedeln wollen, kein Mensch wird jemals den Wunsch haben, Thüringen, Bayern, Schwaben oder Württemberg zu verlassen, um sich am Ende der Welt festzusetzen und mit den russischen Wölfen zu heulen.«

Brettschneider beugt sich weit zu Müller herüber und schaut ihm herausfordernd in die Augen.

»Geben Sie doch Antwort, Herr Müller – sagen Sie frei heraus, ob ich mich irre oder ob ich Recht habe?«

Müller schweigt und lehnt den Kopf zurück, starrt zur Balkendecke empor. Brettschneider hat nicht Unrecht. Aber kann er ihm das bestätigen? Es geht doch schließlich um etwas anderes – nicht nur um dieses Land hier. Es geht um eine Idee, um eine Weltanschauung.

»Sie sehen!«, fährt Brettschneider raunend fort, »Sie wissen keine Antwort. Sie sehen dasselbe, was ich sehe, aber Sie sprechen es nicht aus. Sie sind Offizier, Sie haben die Pflicht, das Maul zu halten und nur ›Jawoll‹ zu allem zu sagen.«

»Ja, ich bin Offizier«, sagt Müller endlich, »ich bin es, solange ich diese Uniform trage.«

»Ziehen Sie sie doch aus, hängen Sie sie an den Nagel«, schlägt Brettschneider vor. »Sagen Sie den Männern, dass die Geschichte vom ehrenvollen Heldentod aus ist und …«

»Hören Sie auf, Brettschneider«, unterbricht ihn Müller. »Reden Sie nicht von Dingen, die seit dem Bestehen soldatischer Pflichten und militärischer Grundgesetze unverrückbar fest dastehen … eine Mannestugend, eine Selbstverständlichkeit unserem Volk gegenüber. Wir Soldaten haben einen Eid abgelegt, und dem müssen wir Folge leisten, Brettschneider. Die Gründe, warum wir einen Krieg austragen müssen, haben nicht wir Soldaten geschaffen, sondern die Politiker. Man hat uns gesagt, dass unser Volk in Gefahr ist, und wir haben es geglaubt. Wir haben es sogar gesehen, Brettschneider – an Beispielen, die wir alle verabscheuen und vor denen uns gegraust hat! Erinnern Sie sich an die sechs Toten bei Tschokulew, an die Grausamkeiten, die an ihnen begangen worden sind – an die Toten mit den ausgestochenen Augen und den abgeschnittenen Gliedmaßen … Brettschneider, das sind Erinnerungen, die einen auf den Gedanken bringen, dass wir nicht umsonst im Ostraum stehen und für eine Sache kämpfen und krepieren.«

Brettschneider hat zu allem wie zustimmend genickt. Jetzt, als Müller erschöpft schweigt, sagt er langsam:

»Ich hab auch gekämpft, Herr Müller, ich hab mitgemacht, bis ich auf einmal den Unsinn eingesehen hab. Wir sind nichts mehr als Hammel, die geschlachtet werden. Aller Heldenmut nützt nichts mehr! Das sind nur Worte, die uns vorpeitschen sollen! Ich hab die Russen haufenweise umgelegt, Herr Müller, das wissen Sie genau! Ich hab mir einen Scheißdreck daraus gemacht, mit der MP oder mit dem Spaten in der Hand dreinzuhauen, dass die Fetzen flogen! Aber wenn man dann auf einmal sieht, dass alles nutzlos ist und dass man nicht genug niederhauen und erschießen kann, dann kommt es einem vor – mir wenigstens –, dass irgendwie mal Schluss mit dem Unsinn gemacht werden soll.«

»Den Schluss dieses Unsinns befehlen nicht wir, sondern die, die ihn angefangen haben, die dafür verantwortlich sind. Und das sind weder Sie noch ich, Brettschneider.«

Brettschneider stößt den Atem durch die Nase und schüttelt ärgerlich den Kopf.

»Dann will eben ich als Feldwebel gescheiter sein als die Herren, die die Klugheit schöpflöffelweise gefressen haben wollen! Ich hab mich genug im Dreck rumgewälzt, Herr Müller, ich hab genügend umgelegt und genügend den Schädel eingehauen. Einmal muss Schluss damit sein! Ich geb' zu«, fährt er murmelnd fort, »dass ich mich hätte etwas anders anstellen können, Schluss zu machen. Der Stein ist ja erst ins Rollen gekommen, weil ich vom Graninger gehört hab, dass noch etliche da sind, die nicht mehr mitmachen wollen. Die sind aber wieder umgeschwenkt, damit hab ich nicht gerechnet. Aber ich bin trotzdem entschlossen, an meinem Standpunkt festzuhalten! Trotzdem, Herr Müller!«, ruft er gepresst und legt die geballte Faust auf den Tisch. »Es ist mir jetzt egal, ob ich von diesem verlorenen Haufen da der Einzige bin, der als Verräter angespuckt und in den Arsch getreten wird. Es ist mir schnurzegal, Herr Müller. Bei der nächsten Gelegenheit schwirre ich ab. Schießen Sie getrost hinter mir her … ich lass es darauf ankommen!«

»Ich muss das tun, Brettschneider«, sagt Müller.

Brettschneider erhebt sich.

»Üb immer Treu und Redlichkeit …«, grinst er, »'n schönes Lied, was? Bis an dein kühles Grab, haha … Nirgendwo sind die Gräber so schön kühl wie in Russland … Gute Nacht jetzt, Herr Müller … ich wünsche Ihnen eine recht angenehme und gute Nacht.« Er verbeugt sich klotzig und ironisch, kehrt um und steigt über die Schläfer hinweg zu seinem Lagerwinkel hinüber.

Müller schaut ihm nach. Es ist kein Hass, den Müller hegt, keine Feindschaft. Brettschneiders Art ist labil. Sein Abschwenken ist zu plötzlich geschehen, als dass Müller an eine feste Anschauung und innere Überzeugung glauben kann. Angst hat er, feige ist er. Ihm sind gar keine ideologischen Bedenken gekommen, sondern er hat nur den Wunsch, mit hei-

185

ler Haut aus diesem Krieg herauszukommen – er hat eingesehen, dass alles rigorose Dreinhauen nichts hilft und ein Rückzug auf breiter Front eingesetzt hat. Mit Klugschwätzerei hat Brettschneider – nach Müllers Meinung – seine plötzliche Abtrünnigkeit motivieren wollen, dabei hängt ihm nichts anderes am Bein als Angst und Feigheit. Nur in der großen Gemeinschaft war Brettschneider ein Held, ein hauender, schießender Landsknecht. Jetzt, in der gefährlichen Stunde, versagt er.

Das Hüttenfeuer schwelt zum Entlüftungsloch hinauf. Die Soldaten schlafen. Auch Müller hat sich in einem Winkel zusammengerollt und schläft ein, den Kopf auf den angewinkelten Arm gebettet.

Draußen patrouillieren Pfriemelt und Scholz. Der Schnee knirscht unter den langsamen Schritten.

»Kannst du dich noch an das Gespräch in der Sakristei erinnern, Walter?«, fragt Scholz den anderen.

Der erinnert sich nicht gleich und denkt nach. »Nee … weiß ich nich mehr, Paul. An was für ein Gespräch denn …?«

»Wo ich dir sagte, dass ich mir lieber eine vor den Kopp knalle, als dass ich mich gefangen nehmen ließe … Weißt du 's noch?«

»Jaja, jetzt weiß ich 's.«

Scholz ruckt den Karabiner höher.

»Meinst du, dass wir durchkommen?«

»Warum nicht, Paul? Solange unser Haufen zusammenhält, hab ich eigentlich keine Bange.«

»Komisch«, sagt Scholz, »dass man jetzt genau weiß, wer was wert ist.«

»Ja, jetzt wissen wir 's«, erwidert der andere. »Der

Brettschneider ist ein Schwein. Mensch, sag selber, ist das nich toll? Steckt auf einmal einen solchen Schweinehund raus und will uns an den Iwan verschachern!«

»Und mir hat er in die Fresse geschlagen. Das vergess ich ihm nicht, Walter.«

»Der kriegt sein Fett ab, wenn wir auf ein deutsches Kommando stoßen, verlass dich drauf, Paul. Der Alte macht ihn fertig nach Strich und Faden.«

»Hoffentlich hält er durch«, meint Scholz. »Wenn man ihn so anschaut, kommen einen Zweifel an.«

»Der schafft es, Walter – der ist aus Eisen. Ich wette, dass er 's schafft.«

Scholz und Pfriemelt tapsen weiter. Als sie am Hundezwinger vorbeikommen, leuchten ihnen die phosphoreszierenden Augen der Tiere entgegen. Ein Hund winselt und wechselt dann in einen klagenden Laut über.

»Wir haben's nich besser als die«, murmelt Pfriemelt.

In diesem Augenblick fällt drinnen in der Hütte ein Schuss. Stimmen werden laut. Getrampel ertönt. Scholz und Pfriemelt laufen auf die Tür zu.

»Was is'n los?«, ruft Scholz in den spärlich erhellten Raum hinein, in dem alles durcheinander trubelt.

»Der Köhler hat sich erschossen«, sagt Ebermayr. »Mit der Nullacht, unter der Decke.«

Köhler hat sich erschossen, als die Schmerzen im zerschmetterten Bein die Grenze der Unerträglichkeit erreicht hatten. Als der Schuss fiel, fuhr Lankowitz, der neben Köhler lag, so erschrocken hoch, dass die Schulterwunde aufbrach und zu bluten begann.

Jetzt liegen zwei Tote vor der Hütte im Schnee. Heine und Köhler. Am frühen Morgen werden sie im Wald begraben. Müller hält eine kurze Rede und kehrt dann in die Hütte zurück.

Wieder zwei weniger. Ihre Namen müssen gestrichen werden. Ihr Tod war Erlösung. Müller schaut auf die beiden Erkennungsmarken, die er in einer einzigen Nacht abbrechen und einstecken musste. Heine und Köhler. Sie bleiben wohl zurück im Wald von Tujamaskia, aber vergessen wird man sie nicht.

Müller hat den Abmarsch befohlen. Die Leute machen den Schlitten zurecht, auf dem nun Lankowitz alleine liegen kann.

Kurz vor dem Abmarsch stellt sich noch eine freudige Überraschung ein.

Igor Urusewskij ist in den Vorratskeller gestiegen. Als er durch die bisher verborgen gebliebene Falltür wieder herauskommt, hat er einen halben Wildschweinschinken und einen großen Laib Brot unterm Arm.

»Was kostet das?«, lässt Müller durch Brettschneider anfragen.

»Nichts«, sagt Brettschneider nach einem kurzen Wortwechsel mit dem Fallensteller, »aber wenn wir ihm eine alte Zeitung für den Machorkatabak geben könnten, würde er sich freuen.«

Eine alte Frontzeitung für einen halben Schinken und einen Laib Brot! Aus der Frontzeitung, die von Massen gefangener Sowjets berichtet, von über

300 000 Gefangenen, von einem siegreichen Vor-
marsch, von hoher Kampfmoral der deutschen
Truppen, aus dieser Zeitung reißt Igor Urusewskij
kleine Vierecke und wickelt seinen körnigen Machorkatabak ein. Es ist noch eine große Ehre für dieses zerknautschte Zeitungsblatt, das Graninger für
gewisse Zwecke mit sich herumführte.

Der Abmarsch hat sich um eine halbe Stunde ver-
zögert. Es gibt auch für jeden Mann einen Trinkbe-
cher Tee – herrlichen heißen Tee, der den Mut und
die Zuversicht aufmöbelt und die Gemüter belebt.
Und es gibt noch eine Überraschung, von der man
schlecht sagen kann, ob sie mehr wert ist als der
Schinken und das Brot: Karinka trägt auf einmal das
Haar lang und offen sichtbar.

Noch geht sie ohne den dicken Rock herum und
lässt das schöne Haar über die Schultern wallen. Die
Soldaten vergessen das Kauen, sie starren die Ver-
wandlung an. Nur Graninger und Brettschneider
wundern sich nicht mehr; sie grinsen nur.

Jemand pfeift anerkennend durch die Zähne, als
Karinka mit der leer gewordenen Teekanne vorbei-
geht.

»Mensch, aa Madl ist dös … fesch sogar, sakra,
sakra!«

»Jetzt macht mir ’s Marschieren nix mehr aus,
jetzt renn ich bloß noch dem Bauernmädel nach«,
feixt Gimmler und fährt sich mit der Zunge über die
Lippen, als säße er vor einem Schweinebraten mit
Sauerkraut und Knödeln.

Müller sieht die Blicke seiner Männer. Das veran-
lasst ihn zu einer kurzen, ermahnenden Ansprache,

die er möglichst humorvoll und verständnisinnig abfasst:

»Mal herhören, ihr Böcke«, sagt er, als der Haufen vor der Hütte zum Abmarsch angetreten ist. »Wir haben ein Mädel in unserer Mitte. Freuen wir uns darüber, und benehmen wir uns wie Kavaliere. Ich will nicht hoffen, dass einer von uns auf den Gedanken kommt und sich ... na ja, ihr wisst schon, was ich meine. Wartet mit euren Wünschen, bis wir nach Finnland kommen. Man hat mir erzählt, dass man dort sehr preiswerte Saunabäder nehmen kann. Die Bedienungen sind durchwegs weiblichen Geschlechts und sollen gar nicht prüde sein ... Habt ihr mich verstanden, Männer?«

»Verstanden!«, murmeln sie.

»Auf in die Sauna!«, jubelt der kleine Schramm.

»Gehma, gehma, meine Herren«, lässt sich Stöckl, der Gumpoldskirchner, vernehmen, »beeil'n wir uns, dass ma noch vor G'schäftsschluss nach Finnland kommen!«

Igor Urusewskij schüttelt schon seit zehn Minuten Towarisch Kokowkins Hand und küsst ihn auf beide Wangen. Auch Karinka erhält eine Menge Küsschen. Die drei Menschen haben vieles miteinander besprochen. Igor Urusewskij ist kein Verräter, er wird kein Sterbenswort darüber verlieren, dass sein alter Freund eine Kompanie Deutscher an die Graniza bringt – besser in diese Richtung als in die entgegengesetzte! Igor ist mehr Mensch als Feind. Im Wald hat man viel Zeit, um über die Dinge und den Unsinn in dieser Welt nachzudenken. Immerhin hat Towarisch Kokowkin einen schönen Ring als Führerlohn erhalten. Auch Igor hätte sich bereit erklärt, für einen schönen Ring die Feinde aus dem Land zu führen.

Müller hat dem Russen die Hand gereicht, hat sein »Spassibo« gemurmelt. Die Männer in den langen Mänteln heben grüßend die Arme.

»Spassibo!«, rufen sie dem Russen zu. »Do swidanje!«

Igor grinst wie ein Waldschrat. Sein »Paschol Katschortu« – geht zum Teufel – hört niemand, es klingt auch nicht sehr böse, aber was soll er sonst brummen, der Russe Igor Urusewskij, wenn die Feinde »Auf Wiedersehn« rufen?

»Ohne Tritt – marsch!«

Die Kolonne setzt sich in Bewegung. Wieder steht jemand unter der Haustür und schaut den Davonziehenden nach, bis sie auf dem Waldweg verschwinden.

Alexei Kokowkin hält instinktiv die Richtung Nordwest bei. Er geht mit Karinka an der Spitze der Menschenschlange, er stampft mit der Ausdauer eines sibirischen Steppenwolfes durch die schier endlosen Wälder. Ihm nach folgen die keuchenden Männer. Die heitere Laune, mit der sie den zweiten Tagesmarsch begonnen haben, ist verschwunden. Der Atem steht als sichtbare Fahne vor den Mündern. Die Lungen keuchen, die Füße trampeln den Schnee.

Jede Stunde wird eine kurze Rast eingelegt, dann geht es wieder weiter. Die Unterhaltungen sind längst verstummt; man braucht den Atem zum Gehen, man hat sich nichts mehr zu sagen, höchstens einen Zuruf, der oft ein Fluch ist, eine Verwünschung, eine Zote.

Brettschneider hat sich wortlos vor den Schlitten gespannt und zieht ihn voran. Lankowitz liegt unter der Decke und spürt, wie er durch eine finstere Umwelt gleitet, hört das leise zischende Geräusch der Schlittenkufen. Die Schulterwunde schmerzt nicht mehr. Ein bleiernes Schlafgefühl hat sich eingestellt, mit dem Lankowitz nicht mehr kämpfen mag.

Dann kommt jener wundersame Traum, der das Ende einleitet: Ein Haus in der großen Ebene, die Heimat. Die Heide blüht ringsum, und die Wildbienen summen an den lila oder burgunderroten Blüten. Es ist Sommer, es ist so warm.

Lankowitz sieht sich durch die Heide gehen – er sieht sich ganz genau, als säße er abseits und schaue auf sich selbst. Er hat das Gesicht der Sonne zugewandt und spürt die köstliche Wärme des Gestirns.

Und ringsum duftet die Heide. Fern im Dorf ertönt die Mittagsglocke. Hell und fröhlich hört sich das Geläute an. Ihm entgegen wandert Lankowitz – immer langsamer, immer gemächlicher. Und dann ist er da – dann sieht er das schöne Fachwerkhaus, in dem die Seinen wohnen. Die Tür steht weit offen, doch es zeigt sich niemand. Er geht auf das Haus zu, er bleibt stehen und ruft:

»Mam…! Mam…!«

»Haaaalt!«, ertönt ein Ruf wie aus weiter, weiter Ferne.

Die bewegte Umwelt hält inne, Stimmen werden laut. Die Zeltbahn wird zurückgeschlagen.

Regele beugt sich über den Verwundeten.

»He, Lankowitz, he, du! Nich penn'n, hörst du! Bloß nich penn'n!«

»Ich penn' ja nich«, flüstert der Verwundete. »Fahrt nur weiter.«

Fahrt weiter ... fahrt weiter. Die Umwelt bewegt sich wieder, und der wärmende Traum ist wieder da – die Heide, die Sonne, das Haus.

Lankowitz räkelt sich wohlig. Er spürt keine Schmerzen mehr, ihm ist so frei, so wundersam leicht. Das Fliegen, das schwerelose Dahingleiten beginnt. Tief unten liegt die Heimat, das Dorf, das Elternhaus. Der Flug des Körpers aber strebt von diesem Bild fort, er erreicht strahlend helle Höhen ... er hört nicht mehr auf. Das Licht verlöscht langsam ... es wird immer dunkler.

Der Traum ist zu Ende. Unter der Zeltbahn schläft der Soldat Alfred Lankowitz dem schmerzlosen Ende entgegen.

Sie haben ihn in einer Schneekuhle zurückgelassen. Müller hat die fünfte abgebrochene Erkennungsmarke in die Tasche fallen lassen. Dann sind sie noch bis zum Abend marschiert. In einer leeren Hütte verbringen sie die Nacht. Dicht aneinander geschmiegt, die gegenseitige Körperwärme ausnützend, so schlafen sie ein paar Stunden.

Alexei Kokowkin hat sie geweckt, hat jedem derb gegen die Füße getreten, bis alle aufgestanden sind. Dann marschieren sie weiter. Immer weiter zieht sich die Menschenschlange auseinander.

»Aufschließen, Leute, aufschließen, nicht zurückbleiben!«

Müller weiß selbst nicht, woher er die Energie nimmt, seinen Leuten das zuzurufen, was er sich selbst immerfort vorsagt: Nicht zurückbleiben, nicht schlappmachen! Weiter, weiter …!

Wenn einer hinfällt, heben ihn die Kameraden auf. Oft fällt einer hin und will nicht mehr weiter.

»Lasst mich doch liegen, geht alleine weiter«, weint der kleine Schramm, der am Vorabend die Stiefelsohle verloren hat und einen Deckenfetzen um den Fuß wickelte, der zu einem tonnenschweren Eisklumpen geworden ist.

»Steh auf, Schramm – sei kein Schlappschwanz! Denk an das Saunabad in Finnland!«

Da rappelt sich der kleine Soldat auf und humpelt mit. Stundenlang. Bis zum Abend.

»He, du da vorne!«

Towarisch Kokowkin bleibt stehen und wartet, bis der Elendszug heran ist.

»Wie weit ist es noch? Wo führst du uns hin?«

»Graniza … Granzia!«, ruft der Russe und geht weiter.

»Los, Männer – nicht schlappmachen! Los!« Müllers Stimme ist nur noch ein Murmeln.

Endlich! Der Wald hört auf. Ein kleines Dorf liegt im blauen Licht der Dämmerung.

Alexei Kokowkin ist stehen geblieben und winkt Brettschneider.

»Ljuskwa«, sagt der Russe, »ich weiß nicht, ob Militär dort ist. Ihr müsst selber schau'n.«

Brettschneider wendet sich Müller zu, der misstrauisch das Nest betrachtet:

»Wir sollen selber nachschau'n, ob die Russen das

194

Dorf besetzt haben. Wenn's Ihnen recht ist, geh ich mit drei Mann rüber und schau mal nach.«

Müller zögert. Er blickt nachdenklich zu dem erbärmlichen Dorf hinüber – es ist eines der vielen hunderttausend, die Russlands Weiten bestreuen.

»Gut«, murmelt Müller und dreht sich um. »Danner, Stöckl und Haselreiter – ihr geht mit Feldwebel Brettschneider nachschau'n, ob drüben die Luft rein ist. Wir warten hier.«

»Darf ich höflichst um eine Waffe bitten?«, grinst Brettschneider.

Müller geht auf den leeren Schlitten zu und nimmt einen Karabiner herunter, das Koppel Brettschneiders, an dem noch die Pistolentasche hängt. Einen Augenblick lang kommt Müller der Gedanke, dass Brettschneider eine Schweinerei begehen könnte. Dann aber reicht er ihm das Koppel und den Karabiner mit Munition.

Brettschneider schnallt wortlos um.

Dann winkt er Danner und den zwei Männern.

Müller und der Rest der Männer bleiben am Waldrand zurück. Langsam wandern die vier Punkte auf das Dorf zu. Bange Minuten verstreichen. Drüben bleibt es still. Plötzlich erschallt ein lang gezogenes »Hohoooo«. Jemand winkt mit dem Karabiner. Das Dorf ist feindfrei.

Ljuskwa hat vom Krieg noch nichts zu spüren bekommen. Die Ereignisse sind vorbeigezogen, ohne ihre Schatten über die sechs großen Familien zu werfen, die in den primitiven Katen ein weltvergessenes Dasein führen.

Die Leute von Ljuskwa sind aus ihren Behausungen herausgekommen und schauen neugierig auf den Trupp seltsamer Gestalten, der über das Schneefeld auf das Dorf zukommt.

»Germanski …«, wispern die Frauen. Die Männer, große Kerle mit breitknochigen Gesichtern, beobachten das Nahen der deutschen Kompanie mit undurchsichtigen Mienen. Die zahlreichen Kinder gucken ängstlich hinter den bauschigen Röcken der Frauen hervor und reißen die Augen auf. »Germanski …« Sehen die so aus? Es sind so wenig. Erbärmliche Gestalten, die sich heranschleppen und einen leeren Schlitten ziehen. Aber sie tragen Waffen bei sich.

Erst als Alexei Kokowkin mit den Leuten zu sprechen beginnt, lockern sich die Mienen und nehmen so etwas Ähnliches wie einen gastfreundlichen Schimmer an. Die Frauen lächeln zuerst, dann die Männer. Schließlich deutet man auf die Haustür. Müller ist dafür, dass die Kompanie beisammenbleibt und lässt durch Alexei Kokowkin anfragen, ob alle Mann in einem Haus unterkommen könnten.

Man ist einverstanden. Der Bauer Mark Kuprijan, der Starost von Ljuskwa, bietet der Kompanie sein Haus an. Eine warme Stube nimmt die Männer auf, ein großer Ofen spendet übermäßige Wärme. Das Leben ist wieder lebenswert geworden.

Es gibt Essen. Die Dorfbewohner bringen es freiwillig heran: Brot, Eier, Schmalz, Kartoffeln und Sonnenblumenkerne.

Raue Stimmen füllen die niedrige Stube. Gelächter bricht an. Der Bann ist gebrochen, die Gemüter sind wieder hoffnungsfroh und zuversichtlich geworden. Hat man vor Stunden noch auf die erfrorenen Zehen geflucht, so lacht man jetzt darüber, als man die eisigen Fußlappen abwickelt und die Füße der Wärme preisgibt; hat man erst die Kälte verwünscht, so stöhnt man jetzt unter der Hitze in der Stube.

Heißhungrig schlingen die Männer die rasch bereitete Mahlzeit hinunter. Machorka ist plötzlich da und verstänkert die Stube. Es gehört wirklich nicht viel dazu, das Leben wieder angenehm werden zu lassen: eine warme Stube, ein voller Fressnapf und eine aus Zeitungspapier gedrehte Machorkazigarette. Kälte, Strapazen, die toten Kameraden – alles verblasst angesichts der Behaglichkeit dieser Stunde.

Man belacht gegenseitig die in den letzten Tagen gewachsenen Bärte, man erzählt Witze, man schlägt dem Kameraden klatschend auf die Schulter.

»Mensch, wenn's weiter so geht, sind wir in paar Tagen drüben. Wie weit ist's eigentlich noch bis an die Grenze?«

Rund 100 Kilometer sind es noch – 100 Kilometer fremdes, feindliches Land, in dem nicht nur der weiße Tod lauert, sondern auch der andere, raschelnde, hämmernde, blitzende.

»Hier ist gar kein Krieg, hier leben sie noch alle wie die Maden im Speck!«, ruft Gimmler. »Jungs, hier machen wir erst mal Pause!«

Gimmler hat zwei hübsche Bauernmädchen gesehen. Wahrscheinlich gibt es noch mehr hier. Man könnte mal nachschauen. Man könnte …

Nichts wird daraus. Müller gibt den Befehl, die Stuben nicht zu verlassen.

Die Posten werden eingeteilt. Heute melden sich die Männer freiwillig, mehr als gebraucht werden.

Die Nähe der Weiberröcke ist daran schuld, die runden Mädchengesichter unter den Kopftüchern. Oberleutnant Müller versteht seine Männer, aber er kann ihnen diesen Wunsch nicht erfüllen.

Auch Towarisch Kokowkin hat einen Wunsch. Im Dorf säße ein Bekannter, ob er ihn besuchen dürfe?

Brettschneider muss das Anliegen übersetzen. Müller zögert. Kann man dem alten Russen trauen? Ist man hier sicher? Alexei Kokowkin und seine Tochter sind in einem kleinen Nebengemach untergebracht, in das eine Seite des großen Ofens hineinreicht und Wärme ausstrahlt. Vater und Tochter sind für Müller die Garanten dafür, dass keine üble Überraschung losbricht, keine Schweinerei passiert.

»Gut«, sagt Müller, »er kann gehen, aber die Tochter bleibt hier.«

Alexei ist damit einverstanden. Von Karinka ist nichts zu sehen. Sie ist in der Kammer und massiert ihre frostklammen Füße. Sie gedenkt auch ein Bad zu nehmen. Im Loch des Ofens steht schon ein Topf, in dem Wasser heiß gemacht wird, und in der Ecke der kleinen Kammer steht ein Bottich, in dem man das lang ersehnte Bad nehmen kann.

»Ich gehe zu Towarisch Mark«, sagt der alte Kokowkin zu seiner Tochter, als er die Erlaubnis hat, den Freund zu besuchen. »Ich muss ihn fragen, welcher Weg der beste ist.«

»Paschol, Väterchen, geh nur, geh, ich warte auf dich. Trinke nicht zu viel Wodka und rauche nicht, du weißt, es schadet dir nur.«

Towarisch Kokowkin küsst seine Tochter auf die Wangen und geht.

Karinka bleibt allein zurück – allein in einem Haus, in dem viele fremde Männer hausen und mit ihrem Lärmen verraten, dass sie arglos und froh sind.

Die »Germanski«. Welch ein Volk. Zäh wie die Russen. Sie sterben und opfern sich für den Krieg, sie bleiben am Weg liegen und vermodern, und über sie hinweg marschieren die anderen – verbissen, fluchend, aber sie geben nicht auf. Wer hält diesen Haufen zusammen? Ist es der hagere Offizier mit den hellen Augen? Ist es seine Stimme, an die Karinka sich gewöhnt hat und die sie gerne hört? Von diesem Offizier strahlt etwas aus – eine Sicherheit, die alle Angst verscheucht, eine Ruhe, die stärkend wirkt. Karinka hat sich während des Marsches oft gefragt, warum der Offizier nicht gestorben ist, wie er es fertig gebracht hat, die Strapazen dieser beschwerlichen Wanderung zu ertragen. Und Karinka hat sich manchmal umgedreht, einen Blick nach hinten geworfen und die lange Gestalt vor den anderen hergehen sehen.

Er zieht sie mit, hat sie dabei gedacht, er zieht sie durch Not und Elend und wird sie in das andere Land bringen, das hinter der Graniza liegt, und in dem sie ausruhen werden von der Mühsal dieses endlosen Marsches. Ich will es jetzt beinahe, dass er nicht umfällt, dieser Offizier! Er darf ja gar nicht umfallen und liegen bleiben. Denn der andere ist da, der rotbärtige Wolf mit den hellen Lichtern, die mich manchmal so hungrig anstarren.

Damit hat Karinka den Feldwebel Brettschneider gemeint, Brettschneider, der heute sein Koppel zurückerhalten hat und eine Waffe tragen darf. Bedeutet das, dass er wieder in die Gemeinschaft aufgenommen ist?

Nein, noch deutet nichts darauf hin; man lässt ihn links liegen, man kümmert sich nicht um ihn. Die Blicke gehen durch ihn hindurch, als sei er aus Glas, als sei er Luft. Man lässt ihn nicht teilnehmen an den Gesprächen, man kehrt ihm den Rücken zu, wenn er sich nähert, oder man schaut weg, wenn er den Blick auf einen richtet.

Alois Brettschneider spürt genau, dass er für die anderen ein Ausgestoßener ist. Das entfacht einen dumpfen Zorn in ihm, das stachelt seine Eitelkeit auf, das reizt ihn. Doch er bezähmt sich.

Abgesondert hockt er in einem Winkel und dreht eine Papirossi aus Machorka und Zeitungspapier. Dann und wann wirft er einen Blick auf die Männer hinüber.

Müller hat sich auf die Ofenbank hingestreckt und schläft. Zum ersten Mal schläft er ruhig und fest, den Schlaf der Erschöpfung, restloser Ermattung.

Auch die Männer gähnen.

»Gehma schlafen, Leutln, hau mer uns hi ... Morgen wird wieder aa strammer Tag.« Graninger hat diese Vermutung aufgestellt, erhebt sich, gähnt wie ein Walross und legt sich in einem Stubenwinkel nieder. Ihm folgt einer nach dem andern. Alle sind müde, alle sehnen sich nach Schlaf. Wer weiß, ob man morgen wieder eine warme Stube findet, in der man sich langstrecken kann? Bis zur Grenze ist es noch ein weiter Weg, ein sehr weiter!

»100 Kilometer«, murmelt Graninger, als er an das Wegmaß denkt, von dem vorhin gesprochen wurde.

»Dös is ja noch so weit wia von Münka bis Traunstein … 100 Kilometer … mi leckst am Orsch.«

Mit diesem geseufzten Zitat verabschiedet sich der Bayer von seiner Umwelt, rollt sich zusammen und schläft sofort ein. Das Gemurmel verstummt. Man gähnt. Man reckt sich. Der Mief verdichtet sich. Es ist neun Uhr, als im Haus des Starosten von Ljuskwa vollkommene Ruhe eingetreten ist. Dieser und jener hat noch einmal daran gedacht, dass nebenan die junge Russin wohnt, aber keiner ist seinem Verlangen gefolgt und an die Tür geschlichen, um leise anzuklopfen und »Panjenka, komm …« durchs Schlüsselloch zu flüstern.

Brettschneider ist noch wach. Ihm gehen viele Gedanken durch den Kopf. Der Marsch geht eigentlich recht gut voran. An Ausfällen hatte man bisher nur die Verwundeten. Die Übrigen halten durch. Müller klappt auch nicht zusammen, sodass sich dadurch die Möglichkeit ergeben könnte, mit den Männern ein vernünftiges Wort zu reden. Die lassen nicht mit sich reden. Verdammte Dummköpfe! Brettschneider ist allein. Die Kameradschaft ist beim Teufel! Soll sie!

Dort drüben liegt Müller auf der Ofenbank und schläft, den Kopf auf die Hand gelegt, die Hand auf der Kartentasche. Und in dieser Tasche steckt die Landkarte. Brettschneider möchte gern einen Blick in die Landkarte werfen, um zu sehen, in welcher Richtung der Marsch verläuft. Man hat ihm seine Karte abgenommen, seine Tasche. Aber das Koppel mit der Pistole hat er wieder. Soll er es jetzt wagen, seine eigenen Wege einzuschlagen? Fort von hier?

Abhauen? Was hält ihn noch? Worauf wartet er? Mit jedem Tag kommt man der Grenze näher. Und dann …? Müller wird bestimmt die Meldung schreiben, die Kriegsjustiz wird ihre Netze über den Meuterer werfen. Kurze Verhandlung. Urteil. Erschießungspfahl. Aus.

Niemals wird es so weit kommen!

Brettschneider erhebt sich von seinem Platz, lässt den Blick über die Schlafenden gleiten. Die Tür ist offen. Soll man jetzt das tun, was schon seit dem Auftritt im Blockhaus am See beschlossen ist: abhauen?

Brettschneider zieht den Mantel an, greift nach dem Koppel, zieht die 08 aus der Ledertasche, steckt sie in den Stiefelschaft.

Die Gelegenheit ist günstig. Brettschneider will sie nützen und seine eigenen Wege gehen. Irgendjemand wird ihm schon sagen können, wo die Straße ist und wo die Sowjettruppen stehen.

Die untersetzte Gestalt des Feldwebels steigt behutsam über ein paar Schläfer hinweg und bewegt sich auf die Tür zu. Sie knarrt leise in den Angeln. Ein dunkler Vorraum liegt zwischen dieser Tür und dem Hausgang. Rechts fällt ein dünner Lichtstrahl durch eine andere Tür. Dahinter plätschert Wasser. Jemand summt ein Liedchen.

Brettschneider bleibt stehen und horcht.

Karinka gibt sich mit Wohlbehagen dem Bad hin. Sie sitzt in dem Bottich und seift die drallen Arme ein, die Schultern, die jugendlich straffen Brüste. Der Bottich ist schmal und hoch, nur bis zur Hälfte mit warmem Wasser angefüllt. Trotzdem ist das Bad ein Vergnügen.

»Hm … hm … hmmm …«, summt Karinka und spült die Glieder mit dem Badewasser ab.

Plötzlich hält sie inne. Das gesummte Liedchen ist jäh verstummt. Von der Tür her weht ein eisiger Luftzug. Karinka dreht den Kopf.

»Bosche moje …!«, stammelt das Mädchen zu Tode erschrocken und kreuzt die Arme vor der nackten Brust.

Brettschneider steht unter der Tür, grinst und zieht sie leise hinter sich zu.

Karinka ist zu Stein erstarrt. Mit weit aufgerissenen Augen schaut sie auf den Mann an der Tür.

Brettschneider denkt nicht mehr an Flucht, denkt nicht mehr an sein Vorhaben. Sein Blick saugt sich an dem Mädchen fest – an den weißen Schultern, an den schamhaft die Brust verbergenden Armen.

»Paschol ti Swinjal«, stößt Karinka hervor. »Geh, du Schwein!«

Brettschneider macht zwei Schritte vor. Sein feistes Gesicht ist dunkel vor Gier und Verlangen. Das Grinsen ist zu einer Fratze geworden.

»Lass mich hier«, sagt er leise und heiser, »sei vernünftig, Karinka.«

»Paschol!«, ruft sie ein zweites Mal und deutet ruckartig mit dem Kinn zur Tür. »Wenn du nicht sofort gehst, schreie ich ganz laut! … Ubiraisja won – verschwinde!«

»Sei gescheit, du …«, flüstert er und streckt die Hände nach ihr aus.

Da stößt Karinka einen Schrei aus. Blitzschnell hat Brettschneider zugegriffen. Seine Rechte presst sich auf den Mund des Mädchens, die andere tastet nach dem Körper. Ein wildes Ringen bricht los. Karinka wehrt sich wie eine Katze, beißt in die Hand, bäumt den Körper auf.

Brettschneider ist zum Tier geworden. Er will nichts anderes mehr als dieses Mädchen. Brutal hält er ihr den Mund zu und zerrt sie hoch.

»Halt! Lassen Sie das Mädchen los!«

Brettschneider erstarrt.

An der Tür steht Müller.

»Sie sind ein Schwein, Brettschneider!«, ruft er zornig. »Lassen Sie sofort das Mädchen los, sonst ...«

Da springt Brettschneider mit einem gewaltigen Satz zur Tür. Müller hat ebenso blitzschnell die Dienstpistole gezogen. Er bringt sie aber nicht hoch. Zwei stahlharte Fäuste packen zu, fassen Müllers Handgelenke. Ein stummes Ringen beginnt.

Brettschneiders Augen funkeln wie Dolchspitzen. Unbarmherzig drückt er Müllers Hand nach innen. Die Pistole dreht sich unheimlich langsam der Brust zu. Gleich muss der Schuss fallen, der Müller trifft. Aus der eigenen Pistole.

Müller kann gegen die Bärenkraft dieser zupackenden Fäuste nicht an.

Da schreit das Mädchen laut und gellend. In der gleichen Sekunde peitscht ein Schuss.

Müller spürt einen harten Schlag an der Brust. Hitze spritzt ihm ins Gesicht. Schwäche saust ihm in die Glieder.

Müller hört die gellenden Schreie des Mädchens wie aus weiter Ferne. Gepolter bricht los. Wie durch einen Nebelschleier sieht Müller, dass Brettschnei-

204

der von ein paar Gestalten zurückgerissen und zusammengedroschen wird. Schemenhaft bewegt sich eine weiße Mädchengestalt, dann verschwimmt alles und gerät in schaukelnde Bewegung.

»Jetzt machen wir dich fertig!«, brüllt jemand. »Jetzt hast du deinen letzten Dreck geschissen!«

Müller kann sich nicht mehr auf den Beinen halten. Die Knie schnappen ein, der Körper gerät ins Abrutschen.

»Halt!«, hört Müller sich noch rufen. »Zurück! Lasst ihn los … So hört doch schon, Leute!«

Ihm versagt die Stimme. Er ringt nach Luft, er hustet und hat plötzlich den Geschmack von Blut im Mund. Dann beginnt ein Sturz ins Dunkel – in einen tiefen Schacht hinunter, in dem es totenstill ist …

Müllers Ohnmacht kann nur ein paar Minuten gedauert haben. Als er zu sich kommt, findet er sich lang am Boden liegend wieder, und Regele hat sich über ihn gebeugt. Ringsum noch mehr bärtige Gesichter. Müller erkennt sie nicht. Nur Regeles sommersprossiges Gesicht ist ihm bekannt. Jetzt wird es ganz klar, jetzt hört Müller auch die leisen, erregten Stimmen ringsum.

»Regele …«

»Nich red'n, Herr Oberleutnant«, bittet der Sani und drückt Müller mit sanfter Gewalt zurück. »Liejen bleib'n und nich bewejen.«

»Was ist denn los … mit mir?«, flüstert Müller und spürt, dass die Atemluft so knapp ist, dass die Lunge ein Loch haben muss wie ein Blasebalg.

»Det Rübenschwein hat uff Sie jeschossen«, sagt

Regele. »Ich tippe uff 'n Lungenschuss, Herr Oberleutnant.«

Müller schließt die Augen und versucht nachzudenken. Geschossen ist worden, stimmt ... Brettschneider hat mich angegriffen ... Wo ist Brettschneider?

»Habt ... ihr ihn?«, fragt Müller.

»Klar haben wir ihn«, sagt der Sani. »Im Kartoffelkeller liegt er. Hat 'ne janz schöne Abreibung be-
komm', der jute Kamerad.«

Müller schluckt. Er hat keine Schmerzen, aber er
fühlt sich todmatt, ausgehöhlt, taub an allen Gliedern. Die Gestalten hinter Regele sind nur undeutlich wahrzunehmen.

Der Obergefreite Danner beugt sich jetzt herab.
»Herr Oberleutnant, wir haben alle 'ne Stinkwut im
Wanst. 'n Wort von Ihnen, und wir stellen Brett-
schneider an die Mauer ...«

Müller will sich aufrichten, aber Regele lässt das
nicht zu.

»Liejen bleiben, imma schön liejen bleiben, Herr
Oberleutnant.«

»Danner«, sagt Müller mühevoll, »ich verbiete jeden Übergriff ... Brettschneider ... muss sich woanders verantworten ... Und noch was, Danner ...
Brettschneider hat ... ich meine, der Schuss ist aus ...
meiner Dienstpistole gefallen.«

Danner nickt grimmig.

Müller kann nicht weitersprechen. Die Gesichter
verschwimmen wieder, die Stimmen verwirren sich
und fließen in einen murmelnden Akkord hinüber.

Müller erwacht am Morgen. Durch die winzig kleinen Fenster fällt Sonnenlicht herein. In der Stube sitzen die Männer und schweigen. Sorgenvolle Blicke huschen zu der lang am Boden ausgestreckten Gestalt hinüber. Müller schlägt die Augen auf.

Nanu? Träumt er, narrt ihn ein Spuk! Was ist das für ein Gesicht? Es gehört einer Frau. Ein dunkles Augenpaar ruht auf ihm, zwei nachtschwarze, etwas schräg im Gesicht stehende Augen.

Karinka lächelt. Sie fragt etwas, sie beugt sich über den Mann und streichelt ihm mit einer zarten Bewegung über Stirn, Wange und Kinn.

Jetzt erkennt Müller das Mädchen. Er will sich aufrichten, aber Regele, der auf der andern Seite des Lagers hockt, verhindert die Bewegung mit einem gemurmelten: »Liejen bleiben … nich aufsteh'n.«

Müller schaut an sich hinab. Er liegt mit nackter Schulter da. Ein dicker Verband ist um das Gelenk gewickelt und engt den Atem ein. Oder ist es die Kugel in der Lunge, die das Atmen zu einer gelinden Qual macht?

»Wie … wie spät ist es?«, fragt Müller.

»Halb neun vormittags«, sagt jemand.

Müller schließt die Augen und denkt nach – denkt noch einmal an die letzten Geschehnisse: Brettschneider sitzt als Gefangener im Kartoffelkeller. Was nun? Wir können nicht hier bleiben, bis wir von den Sowjets gefasst werden. Wir müssen weiter. Jetzt gleich! Ich werde mich auf den Schlitten legen lassen … auf den Schlitten, auf dem schon drei Mann gestorben sind. Der Schlitten … der Schlitten. Werde auch ich auf ihm sterben?

Müller reißt sich von diesem Gedanken los.

»Danner … lassen Sie zum Abmarsch antreten.«

»Jawohl, Herr Oberleutnant.«

»Alles bleibt so, wie es ist, verstanden, Danner? Sie übernehmen die Kompanie … Lasst mich hier zurück, schaut zu, dass ihr alleine an die Grenze kommt … Wo ist der Towarisch, Danner?«

Der alte Kokowkin hört seinen Namen und kommt vom Ofen herüber. Dort saß Alexei Kokowkin die ganze Zeit und hat auf den Offizier geschaut, hat über vieles nachgedacht, hat sogar ein stummes Gebet verrichtet. Ein Dankgebet. Wie leicht hätte dem Täubchen ein Leid geschehen, wie leicht hätte eine Seele zerbrechen können …

Alexei Kokowkin beugt sich über den Offizier.

»Spassibo«, murmelt er und legt Müller die Hand auf die Stirn.

Es ist eine kühle, leichte Hand, die Müller spürt, eine Hand, die Beruhigung ausstrahlt, Wärme und Güte. Noch jemand hat so eine Hand. Mutter. Ja, Mutter, denkt Müller, die hatte auch so weiche, warme Hände.

»Wir nehmen Sie natürlich mit, Herr Oberleutnant«, sagt jemand; es ist Danner. »Wir packen Sie in Decken ein und legen Sie auf den Schlitten.«

»Macht euch doch nicht so viel Mühe mit mir«, wehrt Müller ab und hascht nach Alexei Kokowkins Hand, schaut zu ihm auf – in die hellen Augen hinein, die mit seltsamem Ausdruck auf ihm ruhen. »Bring sie gut an die Grenze«, sagt Müller. »An die Graniza …! Graniza, ponjemaju?«

»Ponjemaju«, nickt Alexei Kokowkin.

»Ponjemaju«, flüstert Karinka und erhebt sich, holt einen Haufen Decken heran und wartet, bis Danner und noch zwei Mann Müller beim Aufstehen helfen.

»Lasst mich doch …«, murmelt er, während er zwischen zwei Männern hängt und hinausgeschafft wird, »ihr seid ja verrückt, wenn ihr euch mit mir belastet.«

Die Kälte des Morgens ist schneidend. Das Licht ist klar und durchsichtig. Die Bewohner von Ljuskwa stehen im Halbkreis um den Schlitten herum.

Danner sorgt dafür, dass Oberleutnant Müller unter den Decken verschwindet, stopft ihm noch einen zusammengerollten Sack unter den Nacken, breitet über die Decken zwei zusammengeknöpfte Zeltbahnen und mummt Müllers Gesicht mit einem großen Wolltuch ein.

Müller kann nicht mehr sprechen. Nur seine großen, grauen Augen schauen aus der Vermummung heraus. Sie schließen sich langsam.

»Holt den Saukerl raus!«, befiehlt Danner.

Ein paar Augenblicke später tapst Brettschneider aus der Haustür und wird von zwei Männern ins Freie geboxt.

»Spann dich vor, du Rübenschwein!«, schreit jemand, und Brettschneider nimmt ein Zugseil in die Hand, starrt zum Dorfausgang und grinst steinern.

Karinka stellt sich hinter den Schlitten und packt die beiden aufragenden Holzgriffe. Vor ihr liegt der vermummte Kopf des Offiziers. Er hat noch immer die Augen zu, er scheint zu schlafen. Doch nein! Er schläft nicht, er schlägt langsam die Augen auf und

209

schaut empor – mitten hinein in einen lächelnden Blick der jungen Russin.

»Ohne Tritt – marsch!«, befiehlt der Obergefreite Danner. Halblaute Rufe ertönen. Die Soldaten grüßen die zurückbleibenden Bewohner von Ljuskwa, und die grüßen zurück. Die Ausrüstungen klappern an den Koppeln, die Schritte knirschen auf dem harten Schnee. Der Zug setzt sich in Bewegung.

Mark Kuprijan steht unter seinen Leuten, und er, der Starost von Ljuskwa, murmelt den Davonziehenden nach:

»Do swidanje, Towarisch Alexei Kokowkin … do swidanje, Karinka Kokowkinowa.«

Sie kommen gut voran. Alexei Kokowkin führt die Männer auf den nur ihm bekannten und zur Sicherheit noch einmal in Ljuskwa befragten Wegen. Die Männer haben zu essen und sind kräftig genug, eine Tagesleistung von 25 bis 30 Kilometer zu schaffen. Der Weg führt überwiegend durch weite Wälder – manchmal über zugefrorene Seen, dann wieder einem vereisten Bachlauf entlang, um wieder im endlosen Wald zu verlaufen.

Danner hat es verboten, Brettschneider zu beschimpfen oder gar mit Fußtritten zu traktieren, wie das am ersten Marschtag durch Scholz geschehen ist. Verbissen, stumm und unentwegt zieht Brettschneider am Schlittenseil. Mit ihm haben sich noch drei Mann vorgespannt, die sich alle zwei Stunden ablösen. Nur Brettschneider wird nicht abgelöst, er zieht den Schlitten von früh bis abends. Es scheint ihm gar nichts auszumachen. Sein Grinsen, mit dem er sich schon seit einer Woche ausgerüstet hat, verschwindet auch nicht, wenn Rast gemacht wird.

Man gibt ihm Essen, denn er soll bei Kräften bleiben. Man spricht kein Wort mit ihm und meidet ihn wie die Pest. Er sitzt abseits, er schläft abseits, er ist ein Ausgestoßener, den man nur als Zugpferd benützt. War bei diesem oder jenem noch ein Funken Kameradschaft für Brettschneider da, so ist der jetzt vollkommen erloschen.

Zwei Tage nach dem Aufbruch aus Ljuskwa kommt es dann zwischen Scholz und Brettschneider zu einer wilden Auseinandersetzung. Der Anlass hierzu wird von Scholz gegeben, der seit einer Stunde neben Brettschneider den Schlitten zieht. Scholz ist schon drei- oder viermal an Brettschneider angerempelt. Beim letzten Mal stolpert Brettschneider und fällt in den Schnee.

»Nimm dich in Acht«, blökt Brettschneider den Gefreiten an. »Noch einmal – und ich hau dir in die Fresse!«

»Fang doch an, du Verräter!«, schreit Scholz.

»Aus!«, schreit Danner und will die beiden Streitenden trennen. »Ruhe, sag ich! Scholz, nimm das Seil auf und gib Ruhe!«

»Ich zieh nicht mehr, wenn das Schwein neben mir herrennt!«

»Das bestimme ich, wer zieht!«, braust der Obergefreite auf. »Du ziehst den Schlitten jetzt«, befiehlt er und stellt sich dicht vor Scholz hin.

Scholz aber dreht sich zu dem grinsenden Brettschneider um und schreit ihn an:

»Wann haust du denn ab? Verschwinde doch! Geh doch endlich, und trag deine Visage zum Iwan rüber!«

»Ihr wartet ja bloß darauf, dass ihr mir nachschießen könnt«, erwidert Brettschneider. »Den Gefallen tu ich euch nicht … nee. Ich gehe dann, wenn es mir passt.«

»Du wirst nicht dazu kommen, du Verräterschwein!«

»Warten wir 's ab, Scholz.«

»Ein Schwein bist du!«

»Noch was …?«, fragt Brettschneider mit herausfordernder Kaltschnäuzigkeit.

Da schlägt Scholz zu. Brettschneider fängt den Schlag ab, haut zurück. Und schon überschlägt sich Scholz im Schnee. Im Aufspringen zieht Scholz seine 08. Der Schuss kracht. Brettschneider hat sich blitzschnell gebückt.

»Scholz! Weg mit der Knarre!«, brüllt Danner. »Nimm sie runter, sonst passiert dir was!«

Scholz ist zur Besinnung gekommen. Er steckt die Pistole in die Tasche zurück, bückt sich nach dem Zugseil und spannt sich vor.

Müller hat den Kopf gehoben, will etwas sagen, aber Karinka legt ihm die Hand über das Gesicht. Als Müller die Hand des Mädchens wegschiebt, ist der Schlitten bereits wieder in Fahrt. Nach oben schauend, sieht Müller die dunklen Augen des Mädchens über sich. Das halb vermummte Gesicht lächelt, die weißen Zähne blitzen, der rote Mund leuchtet.

Es ist seltsam. Müllers Zustand ist fast schmerzfrei. Nur wenn er sich unter den Decken bewegt oder wenn der Schlitten über eine Unebenheit läuft, dann verursacht die im rechten Lungenflügel steckende Pistolenkugel einen dumpfen Schmerz, der sich dann als Husten löst. Mit jedem Hustenanfall spuckt Müller Blut aus. An den ersten zwei Tagen ist der Auswurf dunkel, fast schwarz. Geronnenes Blut. In den nächsten wird es immer heller. Regele hält diese farbliche Veränderung des Lungenblutes für ein gutes Zeichen.

»Det jefällt mir sehr, Herr Oberleutnant. Spucken Se bloß det Zeugs raus, damit schaffen Se der Lunge Luft. Normalerweise muss man een Lungenschuss punktier'n, wissen Se – so mit 'ner langen Nadel, die man … Na halt so 'n Pipapo, nich …? Wenn's Blut heller wird, tritt 'ne janz natürliche Heilung ein … Bloß ruhig liejen müssen Se, und dazu haben Se ja jenügend Jelegenheit, nich?«

Mit dieser medizinischen Auskunft versorgt, überdauert Müller in einigermaßen guter körperlicher Verfassung die nächsten zwei Tage.

Insgesamt sind sie nun schon eine Woche unterwegs. Ein guter Stern scheint über den wacker sich durch den Winter kämpfenden Männern zu stehen. Nirgendwo taucht eine Gefahr auf. Das Land ist wie ausgestorben, Dörfer gibt es keine mehr, nur noch endlose Wälder, zugefrorene Seen, verschneite Tundralandschaften.

Alexei Kokowkin sucht sich den Weg mit dem Instinkt des Ureinwohners, mit der Sicherheit einer Brieftaube. Als in der Ferne ein geisterhaft weißer Höhenzug auftaucht, schlägt Towarisch Kokowkin

213

die westliche Richtung ein. Ihr folgt er einen ganzen Tag lang. Mit dem Näherkommen des Höhenzuges verlangsamt sich auch das Marschtempo. Es kommt jetzt oft vor, dass der Russe die Tochter zu sich ruft und sich mit ihr bespricht. Kehrt Karinka an das Schlittenende zurück, ist ihre Miene gespannt, und der Blick hat eine sichtbare Wachsamkeit angenommen.

Natürlich muss man sich Brettschneiders noch bedienen. Er ist notwendig, wenn Alexei Kokowkin etwas zu sagen hat. Auch heute wieder, als der alte Russe ein halblautes »Stoj« gerufen hat.

Danner geht mit Brettschneider nach vorn.

»Wir kommen der Straße nahe«, lässt Alexei Kokowkin durch Brettschneider sagen. »Es wird besser sein, wenn nicht mehr gesprochen wird. Hier könnten Patrouillen der Sowjets auftauchen.«

Brettschneider übersetzt Alexei Kokowkins Warnung mit rascher, fast überrascht freudiger Stimme; seine hellen Augen funkeln aus dem schwärzlichen Gesicht. Der rote Bart ist struppig, und die starken, gelblichen Wolfzähne fletschen daraus hervor. Ein widerlicher Anblick, wenn Brettschneider grinst.

Danner gibt das Gehörte an seine Männer weiter, und die machen sofort die Waffen klar. Die Mündungsschoner werden von den Karabinerläufen genommen, die Fetzen von den Schlössern gerissen. Gimmler schultert das MG. Abel hängt sich die Munitionsgurte um.

Die Gesichter spannen sich. Es wird kein Wort gesprochen. Danner schickt Brettschneider wieder zum Schlitten zurück. Drei Mann gehen nach vorn.

214

Behutsam wird weitermarschiert, voraus Danner mit den drei Männern und Alexei Kokowkin als Führer. Plötzlich winkt Danner hastig zurück. Die Männer ziehen den Schlitten zwischen die Bäume und werfen sich in den Schnee.

Was ist los?

Der Wald ist plötzlich zu Ende. Ein Hang fällt sanft ab und verflacht sich weiter draußen. Deutlich sieht man eine breite Fahrspur im Schnee. Man hat die Straße erreicht. Jenseits beginnt wieder Wald, und dahinter erhebt sich ein glatter, weißer Höhenzug.

Aber nicht die Tatsache, dass die Kompanie auf eine Straße gestoßen ist, sondern dass sich in etwa 800 Metern Entfernung acht ... neun ... zwölf Punkte heranbewegen, ist der Grund, warum Danner zurück gewinkt hat.

Die vier Männer am Waldrand liegen tief im Schnee und spähen den rasch näher kommenden Punkten entgegen. Danner schaut durch das Glas.

»Sowjets«, murmelt er, als er es absetzt. »Ski-Patrouille.«

Die zwölf Gestalten kommen schnell heran. Jetzt hört man sie sprechen. Sie laufen ohne Eile, haben die MPs über dem Rücken hängen und Schneehemden an.

Jetzt winkt der Anführer der Patrouille. Die Sowjetsoldaten schließen auf und stehen nun auf einem Fleck beisammen.

Würde man jetzt mit dem MG schießen, es wäre ein Leichtes, die Patrouille vollzählig niederzumähen. Niemand schießt. Aber die Herzen hämmern bis zum Hals rauf.

215

Raues Gelächter erschallt auf der Straße. Eine Flasche macht die Runde. Man hört deutlich die Zurufe: »Na starowije« – zum Wohl! Die sowjetische Patrouille stärkt sich durch einen allgemeinen Umtrunk, man unterhält sich über etwas scheinbar sehr Heiteres, man lacht und schlägt sich gegenseitig auf die Schultern.

Atemlos gespannt liegen die vier am Waldrand oben. Nur die Augen spähen über den Schneerand.

»Soll ich das MG herholen?«, flüstert Scholz.

Danner schüttelt den Kopf.

Sie beobachten weiter. Keiner schaut zu Alexei Kokowkin, der auf den gefalteten Händen liegt und mit geschlossenen Augen die Lippen bewegt. Es sind schließlich seine Landsleute, die sich als Zielscheibe präsentieren. Wenn die Deutschen jetzt schössen, würde etwas zerstört – etwas, was Alexei Kokowkin anerkannt hat, was er an den Deutschen schätzt und was ihm die Funktion eines Wegführers irgendwie leichter gemacht hat.

Das Dutzend Sowjetsoldaten scheint drüben angefroren zu sein. Sie stärken sich immer wieder und rufen »Na starowije!«, sie lachen ihr kehliges Gelächter und stützen sich auf die langen Skistöcke.

»Geht weiter …«, betet Alexei Kokowkin in stummer Angst. »Spürt ihr denn nicht, dass der Tod auf euch schaut! Sauft euern Wodka woanders und nicht hier vor den Gewehrläufen der Germanski … Geht doch, ihr Ahnungslosen …!«

Gott scheint das verzweifelte Beten des alten Russen erhört zu haben. Jedenfalls ruft jetzt der Anführer zum Weitermarsch auf. Die Flasche fliegt in hohem Bogen in den Schnee.

»Paschol, Towarischij!«

Die Patrouille setzt sich wieder in Bewegung. Geschmeidig und rasch läuft sie die Straße entlang und verschwindet aus den Blicken.

Erst jetzt wagt Alexei Kokowkin aufzuatmen.

Danner gibt das Zeichen zum Aufbruch, aber der alte Russe schüttelt den Kopf.

»Warum nicht?«, fragt Danner.

»Notschi … notschi …«, versucht Alexei Kokowkin zu erklären.

»Was ist mit der Nacht?« Danner versteht nicht, und die andern verstehen ebenfalls nicht, was Alexei Kokowkin meint.

Brettschneider muss her. Pfriemelt holt ihn. Gebückt kommt er heran und wirft sich neben dem Russen in den Schnee.

»Fragen Sie ihn, warum wir nicht weitermarschieren«, sagt Danner zu Brettschneider.

Brettschneider spricht mit Alexei Kokowkin. Sie sprechen sehr lange, und der Russe hat allerhand zu erklären. Brettschneider nickt dazu. Er schaut auf die Straße hinunter, er sieht die Spuren, er grinst wieder.

Brettschneider wendet sich an Danner:

»Er sagt, dass wir jetzt nicht über die Straße gehen können. Wir müssen warten, bis es dunkel geworden ist. Es kann jeden Augenblick etwas auf der Straße 'rankommen.«

Danner stapft zu dem Schlitten zurück. Müllers vermummtes Gesicht schaut aus den Decken heraus.

»Was ist los, Danner?«

»Dicke Luft, Herr Oberleutnant. Eben ist eine russische Patrouille mit zwölf Mann auf der Straße aufgetaucht und an uns vorbeigelaufen. Wir können jetzt nicht weiter. Unser Towarisch meint, dass wir die Dunkelheit abwarten müssen.«

»Gut, Danner. Lassen Sie die Männer am Waldrand in Stellung gehen ... Seid vorsichtig und ... und beobachtet das Gelände.« Müller fällt das Sprechen schwer, er muss Pausen einschalten, weil der Atem knapp ist. »Danner ...« Müller hebt den Kopf. »Danner, nur schießen, wenn es wirklich notwendig wird. Wir können uns keinen Angriff leisten ... ist das klar?«

Der Obergefreite murmelt: »Jawoll!«

»Teilen Sie die Leute ein ... den Waldrand so besetzen, dass ihr von der Straße her nicht gesehen werden könnt.«

Müller schweigt erschöpft.

Da beugt sich Karinka über ihn und zupft ihm die Kopfkapuze zurecht, zieht die Decke bis ans Kinn hoch und murmelt etwas, was Müller nicht versteht. Er nickt nur dankend.

Danner winkt die Männer zu sich und begibt sich mit ihnen zum Waldrand vor. Hier graben sie sich eine Stellung in den Schnee. Alles geschieht geräuschlos, es darf kein Lärm gemacht werden, es wird nur im Flüsterton gesprochen.

Brettschneider liegt im Schnee und beobachtet mit zusammengekniffenem Mund die Straße. Er grinst vor sich hin. Hier muss die Entscheidung fallen, auf die er seit Tagen gewartet hat. Die Würfel werden in den nächsten Stunden geworfen. Brettschneider hat schon einen Plan, wie er es machen wird, um das Dilemma zu beenden. Keinen Schritt geht er weiter,

218

denn sobald der Marsch über die Straße fortgesetzt wird, gibt es für ihn keine Möglichkeit mehr, sich abzusetzen.

Gimmler bringt das MG in Stellung. Die MG-Gurte werden bereitgelegt. Die Männer kauern wartend im Schnee und spähen auf die Straße hinunter.

Hinter der Stellung steht der Schlitten, auf dem Müller liegt; Regele und Karinka haben ihn so hingeschoben, dass Müller seine Leute im Auge behalten kann. Karinka kauert hinter dem Schlitten und schaut besorgt auf die regungslos im Schnee hockenden Männer.

Sie flüstern miteinander.

Einmal dreht sich Brettschneider um und schaut auf Müller.

Ahnt Müller, was Brettschneider vorhat?

Jemand hustet unterdrückt.

»Pssst ...«, zischelt Danner.

Der alte Kokowkin kauert zwischen den deutschen Soldaten und hat den Kopf zwischen die Schultern gezogen.

Wenn alles gut geht, denkt Müller, als er seinen Blick über die schweigsamen Gestalten schweifen lässt, wenn uns der Alte dort heil an die Grenze bringt, werde ich ihm irgendeine Freude machen ... ein Geschenk. Womit kann man ihm eine Freude machen? Warum tut er das eigentlich? Er und seine Tochter? Zwei prachtvolle Menschen. Feinde sind es ... sollen es sein. Nein, sie sind keine Feinde, sie sind nur Menschen – Menschen mit einem guten Herzen. Sie sind vom Krieg misshandelt worden, ihr Schicksal ist das unsere geworden. Und umgekehrt.

Die junge Russin beugt sich über Müller und schaut lächelnd auf ihn nieder.

Karinka Kokowkinowa lächelt in den letzten Tagen oft, wenn sie den Offizier anschaut. Die Sorge, mit der sie ihn umgibt, ist von stummer Ausdruckskraft, ist irgendwie demütig und dankbar. Weiß das Mädchen, warum Müller so daliegt? Schätzt sie das, was Müller ihretwegen auf sich genommen hat? Ist das der Grund, warum sie lächelt, wenn sie auf ihn niederschaut?

Sie flüstert etwas, was Müller nicht verstehen kann.

»Du bist gut«, sagt Müller leise zu ihr. »Ich weiß noch immer nicht, was ich euch geben soll, wenn wir unser Ziel erreicht haben werden.«

Auch sie hat kein Wort verstanden. Oder doch?

Sie streichelt mit dem dicken Handschuh über sein Gesicht; es ist eine scheue, wie zufällige Bewegung.

»Herr Oberleutnant ...« Regeles sommersprossiges Gesicht taucht neben dem der jungen Russin auf, »wat macht die Puste? Jeht det Atmen jut? ... Imma schön tief durchatmen, dat die Lunge jeschmeidig wird!«

Müller nickt lächelnd.

Eine Stunde verrinnt, ohne dass etwas geschieht. Die Kälte kriecht in die Glieder und lähmt jede Bewegung. Die frierenden Gestalten fluchen leise und versuchen, sich durch trampelnde Bewegungen warm zu halten.

Ein bissig kalter Wind ist erwacht und treibt dünne Schneestaubwolken durch das Tal. Die Fahrspur auf der Straße verweht langsam. Der Himmel wird grau und verliert das kalte Licht. Die Sonne hängt als kaum sichtbare Silberscheibe hinter einem Kältedunst und neigt sich aufkommendem Gewölk entgegen.

»Saumist, elendiger«, schimpft Graninger, »jetzt kriag'n mer vielleicht aa no aan Schneesturm. Dös tat uns grad noch fehl'n … so aa Saumist, so aa elendiger.«

»Schnauze!«, faucht Danner.

»'s kimmt ja eh koa Mensch net«, grunzt Graninger und will sich erheben.

Da zerrt ihn jemand nieder.

Von links taucht etwas aus dem dünnen Schneetreiben auf. Ein Pferdegespann ist es … noch eins … ein drittes, ein ganze Kolonne. Ein sowjetischer Nachschubtreck. Sechs … acht Pferdeschlitten sind es, die auf der Straße aus südlicher Richtung heranziehen. Dazwischen marschieren in gelöster Marschformation Gestalten mit wehenden Mänteln und aufgestülpten Kapuzen.

Dem Schlittenkonvoi voraus reiten drei Anführer auf zottigen, stämmigen Gäulen.

Heisere Rufe werden laut. Der Schlittenkonvoi nähert sich der Stelle, über der ein Häuflein Deutscher im Schnee liegt und den Atem anhält.

Der Vorbeimarsch der sowjetischen Nachschubeinheit geht ohne Eile vor sich. Schwatzend, lachend stapfen die Russen hinter den Schlitten her.

Jetzt reiten die drei Anführer dicht unter dem ansteigenden Waldrand vorbei. Keiner schaut herauf, niemand kommt auf den Gedanken, dass sich dort oben ein MG-Lauf und einige Karabiner vorsichtig aus den Schneescharten schieben.

Kein Schuss fällt. Ahnungslos zieht die Nachschubkolonne vorbei. Man hört die Stimmen der Russen, man vernimmt die Treiberrufe der Kutscher und das Schnauben der zottigen Schlittengäule, das lederne Knarren des Zuggeschirrs.

Plötzlich richtet sich Alois Brettschneider auf und wendet sich an Müller, der mit gespanntester Miene auf dem Schlitten liegt und jede Bewegung seiner Männer beobachtet.

Brettschneider entblößt die Zähne.

»Herr Müller«, sagt er halblaut, »jetzt ist meine Zeit gekommen. Ich möchte mich von Ihnen verabschieden.«

»Sind Sie wahnsinnig, Brettschneider?«, stößt Müller hervor und versucht, sich aufzurichten, aber Karinka drückt ihn sanft und entschieden auf den Rücken nieder.

Brettschneider grinst noch tiefer.

»Ich sagte Ihnen doch schon immer, dass ich nicht mit nach Finnland marschieren werde. Ich habe nur den richtigen Zeitpunkt abgepasst. Und der ist jetzt da. Ich haue ab.«

Danner und noch drei Mann, unter diesen Scholz, sind herangekrochen und richten sich auf. Danner drückt Brettschneider den MP-Lauf in den Rücken und zischelt:

»Denkste, Freundchen, denkste!«

Brettschneider dreht sich nicht um, als er erwidert: »Mach keinen Blödsinn, Danner. Oder willst du dir die Russen auf den Hals holen?«

»Du erbärmliches Schwein, du …« Danner stößt dem Feldwebel die MP in den Rücken, sodass Brettschneider nach vorn stolpert.

Er richtet sich auf und klopft den Schnee vom Mantel, dann knurrt er:

»Müller, sagen Sie doch dem Trottel, dass er vernünftig sein soll.«

»Danner!«, ruft Müller halblaut und erregt. »Lassen Sie ihn!«

»Ich wusste ja, dass Sie vernünftig sind«, sagt Brettschneider. »Also, Herr Müller – ich muss es kurz machen: Nichts für ungut, dass ich mich zu diesem Entschluss bekenne. Ich hab meinen Teil geleistet und sehe nicht ein, warum ich noch länger bleiben soll. Ich habe nicht die geringste Lust, mich für meinen Einsatz in Polen, Frankreich und im Osten vor ein Kriegsgericht stellen zu lassen. Unsere Wege trennen sich hier. Ich wünsche Ihnen und meinen ehemaligen Kameraden alles Gute.«

»Sie werden uns verraten, Brettschneider?«

»Nee, will ich wirklich nicht, Herr Müller. Ich werde mich den Sowjets als verlaufener Deutscher stellen und mit keinem Wort verraten, dass noch welche hier oben hocken.«

»Brettschneider, ich kann Sie unter diesen Umständen nicht zurückhalten … aber ich … ich warne Sie.«

»Vor was?«

»Das müssen Sie selber wissen.«

»Ich habe Zeit gehabt, über alles nachzudenken.« Brettschneider vollführt eine Bewegung, als wolle er Müller die Hand reichen, lässt es aber sein und dreht sich um.

Danner steht noch immer mit der angelegten MP vor ihm.

»Geh zur Seite, Danner«, knurrt Brettschneider.

Alle schauen jetzt herüber. Vier … fünf Karabinerläufe richten sich auf Brettschneider.

Der schaut den Kameraden ruhig in die Gesichter und sagt dann: »Macht keinen Blödsinn, lasst mich gehen.«

In diesem Augenblick lässt sich Karinka vernehmen. Sie spricht leise und rasch, hat sich halb aufgerichtet und hebt den Arm, deutet auf die Straße hinunter.

Brettschneider nickt zustimmend und wendet sich noch einmal an Müller, der mit weit aufgerissenen Augen auf dem Schlitten liegt und Brettschneider anstarrt.

»Karinka Kokowkinowa ist auch der Meinung, dass ihr mich gehen lassen sollt«, sagt Brettschneider.

Sekundenlanges Schweigen. Die Mienen der Männer sind ergrimmt und entschlossen. Brettschneider grinst Müller an.

Da sagt Müller mit tonloser Stimme:

»Gehen Sie, Brettschneider. Ich habe vergessen, dass Sie einmal zu uns gehört haben.«

Brettschneider zuckt geringschätzig die Schultern, dreht sich um und schlägt sich links weg in die Büsche.

Bevor er dazwischen verschwindet, ruft er noch einmal halblaut zurück:

»Ich verspreche euch, dass ich euch nicht verrate. Kommt gut heim, Kumpels!«

Scholz hebt die MP.

Danner drückt sie am Lauf nieder und murmelt:
»Lass das.«

Brettschneider ist zwischen den tief verschneiten Büschen verschwunden.

»Auf die Plätze!«, befiehlt Danner. »Passen wir auf, was er jetzt unternimmt.«

Karinka kauert wieder hinter dem Schlitten nieder. Müller liegt regungslos da und starrt zum eingetrübten Himmel hinauf. Die Männer ducken sich wieder hinter dem Schneewall und spähen auf die Straße hinab.

Jetzt zieht der letzte Schlitten vorüber. Hinter ihm reiten zwei Gestalten und bilden den Schluss des Konvois.

Danner hebt das Glas an die Augen.

Da taucht von links ein dunkler Punkt auf, watet auf die Straße zu und erreicht sie, bleibt kurz stehen und ruft.

Es ist Brettschneider.

Den Männern am Waldrand bleibt der Atem weg. Gespannt starren sie auf das hinab, was sich jetzt kaum 150 Meter weit von ihnen entfernt abspielen wird.

Die beiden Schlussreiter haben angehalten und drehen sich um. Brettschneider hebt einen Arm, winkt und ruft etwas.

Ein lautes Kommando fliegt nach vorn. Der Schlittenkonvoi bleibt stehen.

Brettschneider geht auf die beiden Reiter zu. Er spricht mit ihnen und versucht vergeblich, etwas zu verstehen. Mit langem Hals späht Alexei Kokowkin über den Grabenrand. Auch Karinka hat sich erhoben und geht nach vorne, legt sich neben ihren Vater in den Schnee und schaut hinab auf die Straße.

Dort unten scheint man sehr überrascht zu sein über das, was plötzlich aufgetaucht ist: ein »Germanski«. Die beiden Reiter sitzen nicht ab, sie sprechen von ihren Zossen herunter. Brettschneider gibt eine lange Erklärung ab und deutet mit dem Arm in einer großen, ungefähren Bewegung gegen Südosten.

Von der Spitze der Kolonne her jagen die drei Reiter zum Ende des Schlittenkonvois. Sie rufen den haltenden Soldaten etwas zu. Ein paar springen vom Schlitten und laufen ans Ende zurück. Die anderen bleiben hocken und kümmern sich nicht um das, was sich am Schluss des Nachschubkonvois abspielt.

Brettschneider keucht noch vom anstrengenden Lauf. Er grinst in die fünf mongolischen Gesichter hinein, er redet russisch und sagt, dass er sich seit Wochen in der Tundra herumgetrieben habe und von einer deutschen Kampfeinheit desertiert wäre.

»Ich gebe mich gefangen, Genossen. Ich bin froh, dass ich auf euch gestoßen bin.«

Einer der fünf, ein langbeiniger Kerl mit einem pockennarbigen Gesicht und geschlitzten Augen, sagt etwas. Brettschneider versteht den Dialekt nicht – er versteht weder den kehligen Ton der Worte noch den Ausdruck der fünf Gesichter, die ihn erst aufmerksam, dann misstrauisch beobachten.

»Nie ponjemaju«, sagt Brettschneider, als man ihn nochmals fragt.

Da beugt sich der langbeinige Kerl von seinem Gaul und brüllt Brettschneider an.

226

Jetzt hat Brettschneider verstanden. Nazischwein hat man ihn genannt. Die Kerle sind durch die Bank besoffen. Der eine stinkt auf Distanz nach Wodka.

Jetzt lachen sie – ihr kehliges, urhaftes Lachen. Sie reden in dem fremden Dialekt miteinander. Sie scheinen sich klar zu sein: Dieser Kerl da, der so plötzlich hinter dem Schlittenkonvoi aufgetaucht ist, ist entweder ein Spion oder ein entlaufener Kriegsgefangener.

Brettschneider fühlt sich alles andere als wohl in seiner Haut. Ein banger Blick huscht zum Waldrand hinauf.

Bereut Brettschneider es, von den Kameraden fortgegangen zu sein? Hat er einen Fehler gemacht?

Jetzt brüllt der Lange ihn an. Gleichzeitig tritt er mit dem Fuß nach Brettschneider.

Das ist denn doch die Höhe! Brettschneider will wütend werden, aber er traut es sich nicht, er redet immer hastiger, gestikuliert und fängt an zu schwitzen.

Eine Weile hören ihm die fünf zu. Dann lachen sie und reißen ihre Gäule herum.

Ein heiseres Kommando ertönt. Zwei Reiter jagen ihre Gäule wieder der Spitze zu. Drei bleiben zurück und versperren Brettschneider den Weg.

»Begreift ihr denn nicht!«, schreit Brettschneider so laut, dass die oben am Waldrand es verstehen, »ich bin euer Freund … ich gebe mich gefangen!«

Die Schlitten setzen sich in Bewegung. Die Rotarmisten schauen zurück und lachen, rufen sich zu und amüsieren sich köstlich.

Brettschneider steht noch immer da und redet und

redet. Er weiß nicht mehr, was er sagt, er sieht nur die drei schlitzäugigen Gesichter auf sich gerichtet, in denen kein Verständnis aufleuchtet.

Da reißt Brettschneider den Mantel auf und deutet auf seine Uniform.

Das EK 1 leuchtet an der Brust, das Ordensbändchen des EK 2, die Nahkampfspange.

»Germanski – nix Spion!« Brettschneider verfällt in das Pidgin-Russisch und schlägt sich beschwörend auf die Brust. »Towarisch ... ich bin euer ... Verfluchte Idioten!«, schimpft er plötzlich auf Deutsch, »versteht ihr denn nicht, was ich sage! Seid ihr blöd?«

Ein paar Zurufe erschallen. Die drei Mongolen preschen dem Schlittenzug nach.

»He ...!«, brüllt Brettschneider und setzt sich in Trab. »He, ihr Heinis, so hört doch, so versteht mich doch!«

Da reißen die drei Reiter ihre Gäule herum. Fast gleichzeitig peitschen ein paar Schüsse.

Brettschneider bleibt wie angewurzelt stehen. Er hat die bläulichen Blitze gesehen, er spürt jetzt ein paar kurze, heiße Schläge gegen die Brust. Die Reiter wachsen zu riesenhaften Spukgestalten, sie wachsen in den Himmel hinauf, sie lachen heiser und hohnvoll.

Eine gähnende Leere löst die Hitze ab. Brettschneider spürt, dass alle Kraft aus den Knien weicht, dass sie einknicken, dass sich der Körper um die eigene Achse zu drehen beginnt.

Die Gespensterreiter sind verschwunden. Der Wald kommt auf Brettschneider zu, der Schneehang,

228

hinter dem die Kameraden sitzen und herunterschauen.

»Ich … ich … war doch ein Idiot … Dammich … was für ein Idiot …«

Er sinkt nieder, hebt noch einmal den Kopf, bewegt die Lippen, aber sie bringen kein Wort mehr hervor.

Das Letzte, was Brettschneider noch wahrnimmt, ist die Kälte des Schnees im Gesicht.

Die am Waldrand haben alles beobachtet. Gimmler wollte das MG in die Schulter einziehen, aber Danner hat »Lass das!« rübergerufen. Und dann sahen sie die Reiter davonsprengen, dann sahen sie das andere, vor dem sie erschraken.

Sechs Schüsse aus drei Pistolen. Gute Schüsse. Der Deutsche hat sie stehend hingenommen. Jetzt liegt er auf der Straße. Die Nächsten werden über einen Schneehaufen stolpern und schimpfen, dass hier ein Toter liegt.

Es schneit jetzt. Der Wind treibt den Schnee in schrägen Strichen durch das Tal. Die Sonne ist verschwunden. Es wird dunkel, und in der Luft liegt jenes pfeifende Geräusch, das das Nahen des Schneesturmes verrät.

Er kommt aber erst, als es ganz dunkel ist, und in ihm bewegt sich eine Kolonne vom Waldrand herab, über die Straße hinweg, in die Weite hinaus und verschwindet in einer jaulenden Wolke aus körnigem Schnee und weißem Staub.

Von der Gestalt auf der Straße ist nichts mehr zu sehen. Der Schnee hat sie zugedeckt.

Das Schicksal will ihnen nichts ersparen, es will auch nicht mit sich rechten lassen. Was ein Mensch nur an Strapazen ertragen kann, das ertragen die 18 deutschen Soldaten, das erträgt auch Alexei Kokowkin, das erduldet das Mädchen Karinka. Sie ziehen durch den tobenden Schneesturm. Ihre Kleider sind gefroren und zu knisternden Eispanzern geworden, ihre Gesichter sind vom Schnee gepeitscht und gefühllos geworden. Ihre Füße tragen kaum noch den Körper. Nur der Wille ist ungebrochen, der treibt die Gestalten immer wieder auf und lässt sie vorantaumeln.

Sie waten oft bis zum Bauch im Schnee, dann wieder taumeln sie über hart gefrorene Firnflächen. In ihrer Mitte ziehen sie den Schlitten, auf dem der verwundete Kompanieführer liegt, unter Decken verborgen, nur das Gesicht frei, das der Sturm mit Schnee anbläst und unkenntlich macht. Aber dann ist es wieder die Hand der jungen Russin, die das Gesicht befreit, die Vermummung tiefer darüber zieht; oder es ist Regele, der sich um Müller kümmert? Die anderen haben mit sich selbst zu tun, sie stapfen zäh wie sibirische Steppenwölfe hinter der oft im Schneegebläse verschwindenden Gestalt des alten Russen her, sie folgen ihm wie eine Herde vertrauensseliger Schafe, die sich nach dem wärmenden Stall sehnen, nach Rast und Ruhe.

Huiiiii … huuuuu … hiiiiuuuuu …

So tönt es ringsum, so faucht es schier von allen Seiten heran. Der weiße Tod zerrt an den wehenden Mänteln, er treibt nadelscharfen Schnee in die Gesichter und nimmt den Augen die Sicht.

Der kleine Abel hat beide Stiefelsohlen verloren

und trägt Lumpengewickel um die Beine; er kann kaum noch gehen, er torkelt und fällt alle paar Augenblicke hin.

»Lasst mich liegen, Kameraden ...« Seine Bitte geht im Gewinsel des Sturmes unter.

Gimmler und Pfriemelt ziehen ihn wieder hoch, haken bei ihm unter, und so schleppen sie sich weiter. Die halbe Nacht durch. Gegen ein Uhr muss es sein, als Alexei Kokowkin einsieht, dass der Haufen Soldaten nicht mehr weiter kann. In einer windgeschützten Bodenfalte, zwischen ein paar Büschen kauern sie sich nieder und verschnaufen von der Qual dieses Marsches.

»Nicht einschlafen, Leute ... haltet euch wach!« Danner ermahnt die Kameraden und geht auf die dahockenden Gestalten zu, rüttelt sie, ruft ihnen erneut ins Gewissen: »Nicht pennen! Nur ausruh'n, wir marschieren bald weiter, Kameraden!«

Kameraden. Das Wort steht als einzige Hoffnung da, es umschließt die Menschen und wärmt sie. Der eine kümmert sich um den anderen, obwohl er selbst das Letzte hergegeben hat. Aber es ist erstaunlich, was der Mensch an Strapazen ertragen kann. Sie ruhen trotz der grimmigen Kälte aus, sie kontrollieren mit angespannter Nervenkraft die Bewegung der Glieder, um sie vor der tödlichen Erstarrung zu bewahren.

»Auf ... weiter!«

Der Schneesturm hat an Heftigkeit nachgelassen. Gegen Morgen zu schläft er ganz ein, und der Himmel hellt sich auf.

Matt und zu Tode erschöpft bewegt sich der Zug

Menschen durch eine öde, hügelige Landschaft. Auf den Hügelkämmen haben sich Schneewechten von oft bizarrer Form gebildet – Gebilde, die jetzt im blassen Sonnenlicht aufleuchten. Aber niemand bringt so viel Kraft auf, die Form der Wechten zu bewundern oder gar irgendwelche Vergleiche anzustellen.

Wieder muss eine Rast eingelegt werden. Die Männer holen das knochenharte, pechschwarze Russenbrot hervor und schlingen es hinunter; sie kauen die ölhaltigen Sonnenblumenkerne und spucken die Schalen aus. Die Gesichter sind alt und verfallen, selbst Stöckl, der Jüngste, ein Milchgesicht mit blauen Kinderaugen, sieht wie ein Greis von siebzig aus.

Danner verständigt sich mit Towarisch Kokowkin mit der Gebärdensprache und ein paar kümmerlichen russischen Worten.

Die Bahnlinie müsse bald erreicht sein, meint der Russe. Und er deutet in nordwestliche Richtung, rudert mit den Armen durch die Luft und gibt durch Zischlaute zu verstehen, dass er eine Eisenbahn meint.

»Junge, Junge, dass der sich so auskennt«, wundert sich einer und schüttelt den Kopf. »Der müsst 'n Orden kriegen, wenn er uns wirklich an die Grenze bringt.«

Aber der alte Kokowkin denkt nicht an den Lohn, den er fordern könnte. Er schaut nachdenklich auf die heruntergekommenen Männer und vergleicht sie mit Söhnen seines Landes. Diese hier haben Opfer gebracht, sie haben für eine Sache gekämpft, die verloren war. Jetzt wollen sie ihr Leben in Sicherheit bringen. Wie rührend sie sich um den Mann auf dem Schlitten kümmern, wie sie ihn mit sich ziehen, wie sie alle zusammenhalten. Sie wollen sich retten, sie wollen leben. Sie sollen leben! Deshalb führt Alexei Kokowkin die Feinde – sie dauern ihn, sie haben sein Mitleid erweckt. Es sind keine gnadenlose Feinde mehr, die mit ihren Waffen Tod und Verderben auslösen, sondern es sind Geläuterte, die sich aus den Zonen des Grauens retten wollen.

Sie marschieren weiter. Den ganzen Tag hindurch, bis zum Anbruch der Dunkelheit. An einem Seeufer wird das nächste Biwak im Freien abgehalten. Nach vier Stunden Rast ermahnt der alte Russe zum Weitermarsch.

Die Nacht ist lautlos und sternenklar. Die Tundra breitet die Arme weit aus und nimmt den Zug Menschen in sich auf. Immer langsamer wird der Marsch. Abel hängt willenlos an den Armen seiner Kameraden.

»Lasst mich liegen«, bettelt er alle paar Minuten, »lasst mich doch liegen.«

Aber sie schleppen ihn mit, sie lesen auch Haselreiter auf, der plötzlich aufgeben will. Flüche erschallen, grobe Aufmunterungen, die die letzten Kräfte mobilisieren sollen.

»Herr Oberleutnant …« Regele keucht es erschöpft und nimmt die Vermummung von dem Gesicht des Verwundeten. »Wie … wie geht's, Herr … Herr Oberleutnant?«

Müller öffnet mühsam die Augen, sieht das erschöpfte Gesicht und murmelt:

»Durchhalten ... durchhalten ... Alles geht einmal zu Ende.«

Die letzte Rast wird abgehalten. Man ist in die Nähe der Eisenbahnlinie gekommen. Alexei Kokowkin ist über eine Stunde lang weggeblieben. Schon hatte man Angst bekommen, er habe sich verlaufen oder ihm sei etwas zugestoßen. Da kommt er endlich zurück und verdeutlicht mit erregten Gebärden, dass er die Eisenbahnlinie gesehen hat. Gleich hinter dem Wald läge sie, der Weg sei jetzt nicht mehr weit.

Der Weg soll zu Ende sein? Das Ziel ist nahe?

Sie wollen es nicht glauben, sie schütteln die Köpfe. Abel will im Schnee hocken bleiben und starrt auf die zu Eisklumpen gewordenen Füße. Mit diesen noch weiterlaufen? Nein!

»Los, weitermachen! 's ist nimmer weit!«

Sie zerren ihn hoch und schleppen ihn mit sich. Auch Haselreiter, dessen Füße erfroren sind – seine und andere dazu, die sich dem nahenden Ziel zuschleppen. Fast jeder hat erfrorene Glieder, gefühllos gewordene Füße, abgestorbene Hände, die in der Wärme zu schwärzlichen Klumpen anschwellen werden.

Wieder taucht ein Wald auf – dieser verfluchte Wald, der dieses Land beherrscht und es zu einem Hort der Verzweiflung macht mit seiner schrecklichen Stille, seinem ständigen Lauern.

Keiner zählt mehr die Stunden, die sie brauchen, bis der Wald aufhört. Sie schauen auch nicht auf, als sie freies, hügeliges Land vor sich sehen, sie haben es tausendmal gesehen, sie sind zu abgestumpft, um hinter diesen weißen Hügeln die Rettung, das Ziel, das Ende dieser Qualen zu erhoffen.

Niemand kümmert sich um das Mädchen in Männerkleidung, das sich hinter dem Schlitten herschleppt und eine Gewaltleistung vollbringt, die normalerweise den Männern höchste Hochachtung abringen müsste. Aber Karinka Kokowkinowa ist ein Kind dieses erbarmungslosen Landes, sie kennt es, sie weiß, wie es die Menschen zurichtet, wenn sie sich in ihm verlieren.

Vor Karinka liegt der Mann auf dem Schlitten, der ihr etwas Kostbares errettet hat. Ihm zuliebe tut sie alles, ihm zuliebe stapft sie hinter dem Schlitten her und hängt ihre Gedanken an das Ziel, das mit jedem Schritt näher rückt.

Was wird dann für Karinka Kokowkinowa kommen? Was wird dann Väterchen für Lohn ernten?

Nein, daran denkt sie nicht, die Tochter des Dorfnatschalniks – von Charkowka, sie schiebt den Schlitten und schaut auf das mit Eiskristallen überzuckerte Gesicht des Mannes nieder, dessentwegen alles geschieht.

Da! Ein Ruf von vorne. Alexei Kokowkin winkt erregt mit den Armen. »Stoj … stoj …!«

Er hat etwas gesehen, er hat auf einem Hügelkamm Gestalten gesehen – huschende und jetzt wieder verschwundene weiße Punkte, die der Schnee verschluckt hat.

Danner schüttelt die Lethargie ab, reißt sich aus dem sturen Dahintrotten los.

»Das können Russen sein … Macht die Knarren fertig! MG in Stellung bringen …!«

Sie liegen auf einer Hügelkuppe. Rasch haben sie eine Igelstellung gebildet. Mit erstarrten Fingern wird durchgeladen, wird das MG schussbereit gemacht. Der Schlitten mit dem verwundeten Kompaniechef steht in einem rasch aufgeworfenen Schneeloch.

Man wartet. Die Augen suchen umher, die Blicke spähen die Hügelkämme ab. Man muss damit rechnen, dass es eine russische Grenzpatrouille ist, man weiß ja nicht genau, ob man bereits die Grenze überschritten oder noch vor sich hat.

Wo bleiben die verdächtigen Gestalten? Warum zeigen sie sich nicht mehr?

Erstarrt liegen die Männer hinter ihren Waffen und spüren die tödliche Kälte auf sich zukriechen, den schlimmsten Feind in diesem Landstrich – ein Feind, der überall ist und von allen Seiten heranschleicht, sobald man zum regungslosen Daliegen verurteilt ist.

Jetzt! Schabende, schleifende Geräusche! Sie kommen! Drüben am jenseitigen Hügel tauchen Gestalten in weißen Tarnanzügen auf. Man sieht deutlich die über die Schultern gehängten Waffen, die dunklen Flecke unter den weißen Kapuzen, die Gesichter.

»Nicht schießen ... abwarten«, zischelt Danner und hebt das Glas an die Augen.

Er schaut lange hinüber. Sechs ... acht ... zehn Mann sind es, die auf Skiern den Hang herunterflitzen und dann in einer Senke herankommen.

»Sind's Russen?«, haucht Gimmler hinter dem MG.

»Kann ich nich erkennen«, flüstert Danner zurück.

»Schießen wir doch!«

»Moment noch …«

Danner wendet sich an den alten Kokowkin, stößt ihn an und reicht ihm das Glas hin.

»Schau du, was es sind … Russkis oder Finnen! Ponjemaju?«

Alexei Kokowkin nickt und schaut umständlich durch das Glas auf die zehn Skiläufer hinunter.

Die kommen ahnungslos näher. Jetzt sind sie bis auf 150 Meter heran.

Da steht der alte Russe plötzlich auf und sagt mit einem Lächeln:

»Finnland! Kamerad! Dobrij Kamerad!«

»Finnen!«, ruft jetzt Danner und springt auf. »Finnen sind es! He … he!«, brüllt er über den Hang hinunter und wirbelt die Arme durch die Luft. »He, hier sind Deutsche! … He, nicht schießen … nicht schießen! Kameraden sind hier! Germanski …!«

Die zehn Skiläufer haben sich beim Ertönen der Stimme blitzschnell niedergeworfen und die Karabiner in Anschlag gebracht.

Danner brüllt noch immer: »Hier Kameraden … nicht schießen!« Und rudert mit den Armen, stemmt sich hoch und steht ganz frei da.

Da knallt ein Schuss. Danner zuckt zusammen, dreht sich halb um, greift in die Luft und kollert den Hang hinab.

»Verflucht!«, keucht Scholz und reißt die MP hoch.

»Halt! Nicht schießen, Scholz! Runter mit dem Ding!«

Müller hat die Decken abgeworfen und stemmt sich vom Schlitten hoch.

Der Gefreite lässt die MP sinken.

»Jungs, das sind doch Finnen«, japst Müller und sinkt wieder auf den Schlitten zurück. Er keucht kurzatmig, hustet und richtet sich noch einmal auf. »Die denken, wir sind Russen ... die schießen uns ab wie die Hasen, Jungs ... Bleibt in Deckung ...« Müller kann nicht mehr.

Die junge Russin stolpert heran, packt Müller an den Schultern und drückt ihn auf den Schlitten zurück.

Auch Regele ist herbeigesprungen und hilft mit, Müller unter die Decken zu stecken.

Plötzlich nimmt Karinka die Fellmütze ab und schüttelt das lange Haar herab.

»Bleibt hier!«, ruft sie den Männern zu und stapft entschlossen zum Abhang hin, über den vor wenigen Sekunden der Obergefreite Danner hinabgerollt ist, hebt die Arme hoch und ruft mit gellender Stimme zu den Finnen hinab: »Nicht schießen, ihr Dummköpfe, nicht schießen!«

Mit diesem Ruf in russischer Sprache gleitet sie den Hang hinab. Der Schnee stiebt auf. Die Finnen, kaum sichtbar in dem Weiß, schießen nicht, haben die Frauenstimme gehört, sind vielleicht bestürzt und warten.

»Nicht schießen, nicht schießen!« Karinka wühlt sich mit erhobenen Armen zu den in Deckung gegangenen Finnen hinüber. »He, ihr dort ... seht ihr nicht, ich bin ein Mädchen ... Karinka Kokowkinowa ...« Sie schluckt ihren Namen und schlägt vornüber in den Schnee, bleibt liegen und wimmert: »Ihr Narren ... nicht schießen!«

Da erhebt sich einer der Finnen. Ein Kommando ertönt. Die Karabinerläufe sinken nieder. Leutnant Peer Andaras von der dritten finnischen Grenzschutzkompanie geht auf die im Schnee zusammengesunkene Gestalt zu, hebt sie auf und starrt verdutzt in ein aufgelöstes Mädchengesicht.

»Nicht schießen!«, bettelt Karinka. Ihr stürzen die Tränen aus den Augen. »Es sind Germanski ... Freunde von euch! Helft ihnen ... dort oben sind sie! Helft!«

Der Finne macht ein betretenes Gesicht, schaut zum Hügel hinauf. Dann murmelt er auf Russisch: »Das tut mir Leid ... das tut mir Leid!«

Auf dem Schneehügel wird es lebendig. Gestalten wachsen aus dem Schnee, rudern mit den Armen in der Luft herum und rufen herab.

»Hier Kameradski ... hier Germanski, nicht schießen!«

Der kleine Abel hockt im Schnee und weint. Die Tränen werden sofort zu Eiskügelchen und bleiben an den Wimpern kleben. Gimmler umarmt Scholz. »Mensch, wir haben es geschafft!«

Sie rutschen den Hang hinab, sie fallen in den Schnee, aber sie brüllen ihre Freude heraus. Die Finnen stehen verdutzt da und schauen dem seltsamen Haufen mit unbeweglichen Gesichtern entgegen, mit schmalen Augen, die schräg in den Mienen stehen.

Der finnische Leutnant stellt sich verlegen vor. Man umringt ihn, man fragt, wie weit es noch bis zur Auffangstellung sei. Der Tote drüben im Schnee ist vergessen – in diesen trubelnden Augenblicken wenigstens, in denen das Blut wieder zu kreisen beginnt und neue Hoffnung die Kräfte mobilisiert. Man schüttelt sich die Hände, man lacht sich an.

Peer Andaras blickt immer wieder zu dem dunklen Fleck im Schnee hinüber.

Danner.

Die Kugel ist ihm mitten in die Stirn gefahren, genau über der Nasenwurzel. Aus einem winzigen, schwärzlichen Loch wollte Blut sickern, aber es floss nicht, es fror in den wenigen Augenblicken des Daliegens und verschließt die Todeswunde.

Die Stimmen ersterben. Langsam waten die Kameraden heran. Peer Andaras kniet nieder und murmelt etwas.

Danner starrt mit aufgerissenen Augen zum Himmel empor. Um den bartstoppeligen Mund hat sich ein Grinsen eingegraben. Danner war wohl sehr ärgerlich, als er den Schuss empfing, und verabschiedete sich mit diesem grimmigen Lächeln von der verrückten Welt …

Die Freude ist erloschen. Die Gesichter werden wieder grau und alt. Das letzte Wegstück muss noch bezwungen werden – nur etwa 15 Kilometer noch.

Sie schleichen längs der verschneiten Bahnstrecke entlang, auf der schon seit langer Zeit kein Zug mehr verkehrt. Der Krieg hat die Grenze verrammelt und vernagelt. Da und dort, in weiten Abständen, ragt ein Telegrafenmast aus dem Schnee, mit herabhängenden Drähten oder umgeknickter Hälfte.

Die Finnen gleiten ein Stück voraus und sind wachsam. Selbst hier, in den schier endlosen Weiten, lauert die Bestie Krieg und hält nach Opfern Ausschau. Aber hinter den weißen Hügeln bleibt es still, es peitschen keine Schüsse, und keine weißen Gestalten springen auf, um sich mit heiserem Hurragebrüll den Sieg zu holen.

Das Land ist lautlos, am Horizont wächst ein dunkler Streifen heran, dem der schleichende Menschenhaufen zustrebt mit letzter Kraft.

»Kuuskamo«, sagt Leutnant Andaras und muntert die abgezehrten Gestalten mit einem ledernen Lächeln auf. »Wir sind bald da! Nicht mehr weit, Kameradski.«

Und die Kameradski reißen sich noch einmal zusammen, der Schütze Abel vergisst die erfrorenen Füße, Gimmler lallt etwas Unverständliches, und das Mädchen Karinka taucht noch einmal hinter dem Schlitten auf. Müde schlängelt und schleicht sich der Menschenhaufen dem Ziel entgegen.

Kuuskamo.

Der böse Traum ist zu Ende, die furchtbaren Stunden bleiben in den bleichen Weiten zurück. Die Grenze ist erreicht. Noch eine letzte gewaltige Anstrengung, und dann sind plötzlich die Finnen da, große, stumm schauende Menschen in herrlich warmen Kleidern, in Pelzen und mit Gesichtern wie aus Holz geschnitzt. In den geschlitzten Augen steht ein stummes Fragen, ein erschrecktes Erkennen. Durch ein Spalier von Soldaten schleicht die Restkompanie Müller und hebt matt die Arme zum Gruß und deutet mit einem starren Grinsen die Freude an, gerettet zu sein.

Kuuskamo, die letzte Etappe, das Ziel, der Anziehungspunkt, der 17 zu Tode erschöpften Soldaten einen tiefen Seufzer der Zufriedenheit entlockt.

Es sind nur eine Hand voll Häuser, die sich auf einen freien Platz zusammengedrängt haben, Koten, neben denen die bleichen Holzgerüste stehen, auf denen steinhart gefrorene Rentierfelle hängen und sonstiges Gerät aufbewahrt wird. Silberfeiner Qualm steigt aus den Stummelschornsteinen der Lappensiedlung, und drüben am Waldrand wandert die Herde Rentiere entlang, bleibt stehen und äugt zu den Menschen herüber, denen sie Nahrung, Kleider und Leben spendet.

Das Bahnhäuschen aus rohem Balkengefüge hockt im tiefen Schnee, und von der Bestimmung dieses Ortes ist weiter nichts zu erkennen als ein Rammblock und ein paar Telegrafenmasten mit zerrissenen Drähten. Die Fenster des Bahnhäuschens sind ohne Scheiben, und ehe Peer Andaras seine Schützlinge in das Haus bringen konnte, musste der Schnee von der Tür geschaufelt und drinnen in den zwei gähnend leeren Räumen ein Ofenungetüm angebrannt werden.

Hier drinnen hat der finnische Leutnant Peer Andaras den Deutschen eine notdürftige Bleibe hergerichtet und Schilfstroh auf den Fußboden schütten lassen und Holzklötze vor dem großen Wartezimmerofen aufgestapelt.

Der kleine Abel liegt zu Tode erschöpft auf dem Rücken und hat in den erfrorenen Füßen nicht das geringste Gefühl mehr. Kopfschüttelnd löst ein gichtkrummer, algenhaariger Finne mit tastenden

Wurzelhänden die jämmerlichen Lappen von den Füßen des Soldaten. Gimmler starrt verdrossen auf seine linke Hand, von der sich weißliche Hautfetzen wie Zunder lösen lassen. Fluchend wickelt Schramm die Fußlappen von den Zehen und reißt mit einem Aufstöhnen das Zeug von den Knochen. Da und dort wird gestöhnt, und Regele, der Sanitäter, verjagt jeden, der meint, sich an den Ofen setzen zu müssen.

In dieser ersten Nacht ist der Warteraum im Bahnhofhäuschen von Kuuskamo erfüllt vom Stöhnen und Seufzen der gepeinigten Menschen, die nur langsam der Wärme teilhaftig werden dürfen, die der Ofen großmütig verschenken will. Sie hadern nur leise mit den beginnenden Schmerzen, sie schlingen das Essen hinunter, das hilfreiche Hände hereinbringen, und sie sinken in einen totenähnlichen Schlaf, als die erfrorenen Gliedermaßen mit Salben und Bandagen eingewickelt sind.

Müller wehrt sich nur schwach, als man ihn in eine Kote trägt und auf ein weiches Felllager hinlegt. Wie aus weiter Ferne hört er die fremden Laute und Geräusche ans Ohr schlagen, wie durch einen dünnen Schleier sieht er fremde Gesichter mit geschlitzten Augen und ledernen Gesichtszügen. Nur einmal war es ihm, als kenne er ein Gesicht; es neigt sich herab, es lächelt mit dunklen Augen und rotem Mund.

Karinka.

Sie hatte mit einer alten einheimischen Frau gesprochen, hatte ihr gesagt, dass Pan Offizier ein guter Mensch sei und in die Kote hineingehöre, in die Wärme der Behausung und auf ein weiches Felllager.

Hier sitzt sie nun und tut nichts anderes, als in ein ausgemergeltes Gesicht zu schauen, in ein erschöpftes, eingefallenes Männergesicht. Das ist er, der Mann, dem Karinka geholfen hatte, seine Männer in Sicherheit zu bringen, weil er ihr geholfen hatte. Gleiches mit Gleichem!

Und schaudernd fällt eine Erinnerung über das Mädchen her: eine überheizte Stube, ein einfaches Bad in einem Holzbottich. Und dann plötzlich der eisige Luftzug von der Tür her. Dann der Blick zurück. Dort stand der Wolf, ein gieriger, hässlicher Wolf. Wie seine Augen glitzerten, wie sein scheußliches Gesicht gierig wurde!

Und dann kam er. Dieser hier! Nur seinetwegen hat sie alles getan, nur seinetwegen hat auch sie die Leiden dieses Marsches auf sich genommen. Nur weil Pan Offizier sie vor dem Wolf gerettet hat?

Karinka rührt sich nicht. Etwas zieht plötzlich und schmerzhaft durchs Herz – ein Stich, ein übergrelles Licht, vor dem man die Augen schließen möchte.

Aber Karinka ist mutig. Sie springt nicht erschrocken auf, als der Gedanke auf sie loszüngelt wie die Stichflamme aus einem vom Blitz getroffenen Baum; sie beugt sich über den schlafenden Mann und betrachtet ihn mit der Aufmerksamkeit eines verwunderten Kindes.

Ihre vollen Lippen bewegen sich wie in einem lautlosen Gebet, ihre Hände tasten nach dem Kopf des Mannes, streicheln mit seltsamer Zartheit, und in den Augen liegt plötzlich ein Brennen, als schaue man gegen den kalten Ostwind.

»Pan ...« Ein Flüstern ist es, das von dem engen, erstickend heiß gewordenen Raum eingefangen und festgehalten wird. »Pan ...«

Schwarz wie ein fransenbesetztes Tuch hängt das Haar des Mädchens vom Kopf herab, bis über die Schultern reichend. Und als Karinka sich über den Schlafenden beugt, um ihn ganz genau und aus größtmöglicher Nähe verwundert und halb erschrocken anzuschauen, breitet sich das schwarze Haar wie ein geteilter Vorhang neben dem Gesicht aus.

So sieht Müller, erwachend, Karinka vor sich. Eine schemenhafte Gestalt, ein Gesicht, so fremd und entrückt, dass er die Augen schließt und dieses Bild mit in den Traum hinübernimmt.

Ist es das leise Sirren des Windes? Ist es der Ton einer Harfe? Was sind das für wogende Nebel? Warum friert man nicht mehr? Was ist das für ein wohliges Gefühl, das das Verlangen erweckt, sich faul zu räkeln und abgrundtief zu gähnen?

Da schwebt etwas heran – ein Licht mag es sein; es wird immer heller; es ist Sonnenschein. Man sieht ein Land tief unter sich, das sich in bunte Karos und schmalseitige Vierecke aufteilt; so sind Felder. Man fliegt auf sie hinab. Ach, dieser Flug ist so leicht, so schwerelos, dass er immer bleiben müsste.

Ist das nicht die Heimat? Und das dort drüben, das ist Hofferde, das große, schmucke Dorf, in dem die neue Schule steht. Die Kinder singen. Der Duft der Linden streicht durch das offene Klassenfenster herein.

»Heinzi, du singst falsch! Horch her, ich spiele dir den Ton auf der Geige vor.«

Und der Lehrer Heinz Müller streicht einen Ton aus der Geige, legt den Kopf schräg und schaut auf das verlegene Bübchen nieder.

Und wieder ein Ton aus der Fiedel.

Ist es der Eiswind, der um die Kote streicht? Ist es ein Ton aus dem Himmel, dem Oberleutnant Müller nachhorcht?

»Pan ...« Das ist kein Ton, das ist doch ... ja, zum Teufel, was ist es doch? Und jetzt legt sich etwas auf die heiße Stirn – etwas Kühles, unendlich Wohltuendes. Und da ist wieder jener davonhuschende Laut ganz nahe dem Ohr: »Pan ...«

Er möchte alles festhalten, er möchte so liegen bleiben und jenem Laut nachhorchen, der eben verklungen ist; er will weiterträumen, doch der Traum ist nicht mehr einzuholen, entfernt sich immer mehr.

»Kompanie – auf, marsch, marsch!«

Müller fährt vom Felllager hoch und reißt die Augen auf.

»Dengler! Rechten Grabenrand besetzen! Feuer frei!«

»Pan!« Zwei Arme umschlingen ihn. »Pan!«, bettelt die Stimme des Soldaten Dengler.

»Rede deutsch mit mir!«, ruft Müller. »Verdammt noch mal, was willst du denn hier? Du musst zum Frisör, Dengler! Dein Haar ... schau selbst! Ist das Streichholzlänge?«

»Pan ...!«

Müller sinkt auf das Lager zurück und fährt sich mit der Zungenspitze über die spröden Lippen.

»Durst ... Wasser ...«

In dieser Nacht fällt das Wundfieber über Oberleutnant Müller her und brennt ihm die Seele aus dem Leib. Er brüllt Kommandos. Er will aufspringen und hinausstürzen, um in den Nahkampf einzugreifen.

Regele humpelt in die Kote und hilft der Russin, den Rasenden festzuhalten.

»Mensch, Herr Oberleutnant, nu dreh'n Se mal nich durch … Imma schön mit der Ruhe, imma schön mit der Ruhe …«

Morgens schläft Müller. Er schläft den ganzen Tag durch. Die finnische Frau flößt ihm heiße Rentiermilch ein; er trinkt mit schweißnassem Gesicht und geschlossenen Augen, kippt wieder hintenüber und schläft weiter.

Im dritten Haus auf der rechten Dorfseite ist Alexei Kokowkin bei einem alten Finnen untergeschlüpft. Sie haben sich vor 26 Jahren zum letzten Male gesehen – damals, als Gospodin Alexei Kokowkin mit dem Hundeschlitten aus Charkowka gekommen war und bei Twaikin ein Fest feierte, das drei Wochen lang gedauert hatte.

Auch der alte Twaikin erinnert sich noch genau.

Und darüber haben sie fast einen ganzen Tag lang gesprochen, gekichert, sich gegenseitig auf die Schultern geschlagen und Schnaps getrunken.

»Weißt du noch, Towarisch?«, kichert Alexei und neigt sich dem Freund zu. »Dalama, die Schenkfrau? Hihihi … Wir haben sie beide geliebt, und du wolltest mir den Schädel einschlagen, als du mich mit ihr erwischt hast, hihih …«

Auch Twaikin kichert, und so kichern sie eine Weile weiter und rufen sich prustend die Erinnerungen an Dalama zu.

»Alles ist vorbei«, sagt Alexei dann und wird traurig. »Wir haben Krieg, und das ist eine schlimme Zeit.« Und er beginnt mit umflorter Stimme von Charkowka zu sprechen, von allen, die er geliebt und gehasst hat. Und dabei spielt Alexei mit dem Brillantring, den er als Lohn für die Wegführung erhalten hat.

»Was ist das für ein Ring?«, fragt neugierig der alte Finne.

»Der Germanski hat ihn mir gegeben.«

Und sie sprechen leise von den Soldaten, die draußen mit knirschenden Stiefelschritten über den Schnee gehen und sich zurufen. Sie sprechen von dem Trüben, das das große Leid ringsum wie eine Gewitterwolke einschließt. Alexei Kokowkin hat das Kinn auf die Brust gelegt, als er sagt:

»Und doch, Towarisch – ich muss wieder zurück, weil ich mein Russland liebe, weil ich darin zu Haus bin mit all meinem Kummer und Schmerz.«

Sie schweigen, und vor den Füßen der beiden Alten liegt eine große, leere Wodkaflasche, in deren Glas sich das Licht des Tages spiegelt.

»Väterchen.«

Alexei Kokowkin hebt den Kopf und schaut zur Tür.

Lächelnd kommt Karinka heran und kauert neben dem Trunkenen nieder, krault ihm im Bart und legt ihm den Arm um die Schulter. »Geh schlafen, Väterchen, du wirst doch müde sein.«

Er schüttelt den Kopf. »Ich will wach bleiben, mein Täubchen. Ich bin nicht müde.«

»Wir sind nicht müde«, echot der greise Finne.

Da schaut Alexei Kokowkin seiner Tochter in die Augen, und er sieht einen glänzenden Kummerschimmer in den dunklen Lichtern, er sieht eine Spur von Tränen.

»Was ist mit dir, mein Täubchen?«, fragt er gütig.

»Nichts, Väterchen«, flüstert sie und birgt ihr Gesicht an seiner Schulter.

Die beiden Alten tauschen einen Blick. Alexei Kokowkin lächelt weise und sagt, während er das lange schwarze Haar seines Kindes streichelt:

»Ich weiß, ich weiß … ich sah es schon seit langem, mein Täubchen.«

Towarisch Twaikin nickt dazu, obwohl er den Sinn der Worte nicht versteht und vom vielen Wodkatrinken müde und schläfrig geworden ist.

Und Karinka ruht an der Schulter des Vaters, fängt an leise zu sprechen und berichtet, wie krank Pan Offizier sei, wie wirr er im Fieber gesprochen habe, und dass just ein Schlitten gekommen sei mit einem finnischen Militärarzt, und noch ein Schlitten mit fremden Soldaten.

Zu allem nickt der alte Kokowkin, und er ist gar nicht müde oder gar schläfrig. Der alte Körper braucht keinen Schlaf, er hat sich im Gespräch mit dem Freund ausgeruht.

»Wann gehen wir wieder heim, Väterchen?«, fragt die Tochter, und es klingt wie ein Flehen, wie eine heiße Bitte.

Der alte Mann spielt mit dem strähnigen Haar seines Kindes und antwortet mit einem versonnenen Lächeln: »Bald, mein Täubchen, bald gehen wir. Towarisch Twaikin wird uns einen Schlitten leihen und starke Hunde dazu, damit wir schnell nach Charkowka fahren können. Die Peitsche wird knallen, die Hunde werden bellen, und mein Täubchen wird warm und sicher auf dem Schlitten sitzen und von hier fortfahren, um den Pan Offizier zu vergessen.«

»Nicht vergessen, Väterchen«, flüstert sie mit heißem Gesicht und verbirgt es an der Schulter des Vaters. »Nur fort von hier, damit ich nicht zu weinen brauche.«

Twaikin schnarcht leise und mit offenem Mund, die Füße in den geschnäbelten Fellschuhen breit von sich gestreckt, im dunkelblauen Tuchkittel und die welken Hände über dem wohlgenährten Bauch verschränkt.

Karinka rührt sich nicht an der Schulter des Vaters. Es liegt sich gut so, und die Augen fallen zu. So riecht die Tochter den Duft des Schafpelzes, den leisen Geruch von Ziegenmist und den stärkeren von Wodka, der heute in reichlichem Maße getrunken wurde.

Und Alexei Kokowkins heller Blick ruht nachdenklich in einer schummerig erhellten Ecke des Raumes, wo ein Schnitzmesser liegt und eine halb fertige Schnitzarbeit aus weißen Knochen. Und drüben brennt das offene Torffeuer, über dem der russische Kochkessel hängt und schwachen Dunst ausströmt, und alles ist so friedlich anzusehen, so, als schaue man in einen Winkel der eigenen Behausung in Charkowka.

Wir müssen fort, denkt der Alte ängstlich und wagt sich nicht zu rühren. Sie liebt ihn, und das darf

250

doch nicht sein. Wir haben Krieg, und im Krieg dürfen die Herzen nicht das tun, was sie tun wollen. Sie wird ihn vergessen, wenn wir fortgehen, sie wird alles vergessen, denn sie ist ja noch so jung – so jung und so tapfer, mein kleines, müdes Täubchen.

Müllers gaukelnder Traum geht langsam zu Ende. Die Wirklichkeit naht sich mit seltsamen Geräuschen. Tastende Hände sind da, die saubere Verbände anlegen, und in die Nase steigt der scharfe Geruch, wie ihn Krankenhäuser aushauchen.

Es geht ihm besser. Die drei Tage, die er im Fieber gelegen hat, sind unwirklich und leere Tage gewesen.

Regeles sommersprossige, so gut bekannte Gesichtslandschaft bewegt sich vor Müllers Augen.

»Herr Oberleutnant, melde jehorsamst, dat Se wieda uff die Hinterbeene sind. Nur noch 'n paar Tage, dann könn ma wieda een druffmachen.«

Müller lacht in sich hinein und horcht an sich herum. In der Brust sitzt noch ein leises Stechen, und der Kopf brummt wie ein Bienenhaus im Mai, aber sonst sind keine Schmerzen vorhanden.

»Wo sind die andern?«, fragt er.

Regeles Mienen werden alt und sorgenschwer. Er schaut zur Seite und wickelt eine Bandage zusammen.

»Der kleene Abel is nich mehr … janz leise für imma wegjetreten in der vajangenen Nacht, Herr Oberleutnant.«

»Der Abel …«, murmelt Müller und starrt zur verrußten Zimmerdecke hinauf. Und er sieht den kleinen Abel noch einmal vor sich: immer couragiert, immer die Stupsnase oben und selten missgestimmt. Wie meckernd er lachen konnte, und wie er sich begeistert auf die Schenkel schlug, wenn in einem Läuserennen seine Laus gewann. »Weggetreten in der vergangenen Nacht, für immer. Am Ziel und doch gestorben.«

Regele murmelt weiter, während er die Bandage aufrollt, sagt, dass jeder etwas abbekommen habe, und dass der Schramm und der Pfriemelt und die anderen alle ihre Wunden leckten wie Hunde nach einer rasanten Treibjagd, und dass niemand davon spräche, wie es weitergehen wird, und dass die Finnen recht freundlich seien.

»Wie wird's denn nu weiterjeh'n, Herr Oberleutnant?«, fragt er dann und schaut Müller so eigenartig an, dass diesen ein Kloß im Hals zu würgen beginnt. »Werd'n ma abjeholt und wieda woanders hinjesteckt, um die Köppe hinzuhalten?«

»Wir sind Soldaten«, sagt Müller mit lahmer Zunge. »Wir müssen das tun, was man uns befiehlt.«

Regele nickt verdrossen. »Scheen, dann sterb'n ma halt weita für unsa Vaterland.« Er geht schwerfällig zur Tür und will verschwinden.

Da ruft ihm Müller nach: »Was macht unser Towarisch?«

»Ich schick ihn gleich mal rein, Herr Oberleutnant.« Und Regele geht.

Müller liegt ganz still. Von Alexei Kokowkin hat er gesprochen, und das Mädchen hat er gemeint: Karinka. Er muss sich doch bei ihr bedanken. Was sie getan hat, war so groß und wunderbar, dass es schier keine Worte dafür gibt. Wenn der alte Russe käme, brauchte man keine Worte machen, ihm nur die Hand reichen. Aber wenn Karinka käme …

Sie kommt lautlos herein, einen kurzen Pelz an, aus dem das runde, weiße Gesicht herausleuchtet, die Augen, der rote Mund. Sie hat andere Stiefel an, keine so plumpen mehr, sondern hübsch verschnürte und bis an die Knie ragende; sie schließt langsam die Tür und macht zwei Schritte vor.

Müller schaut ihr entgegen und lächelt.

Jetzt tritt sie an das Felllager und streicht mit den Händen an dem Pelzrock herab – eine verlegene, ratlose Bewegung. Der Blick der dunklen Augen irrt am Boden herum.

»Setz dich zu mir«, sagt Müller.

Aber sie bleibt stehen.

»Ich danke dir, Karinka«, murmelt Müller, »ich danke dir im Namen aller.«

Jetzt nickt sie traurig, und dann streicht sie sich mit einer verlorenen Handbewegung über die Stirn, und endlich taucht ihr Blick in die Augen des Mannes – ein warmes, stilles Schauen, ein freundliches.

Sie setzt sich an seine Seite und beginnt zu sprechen. Es ist ein sanftes Russisch, so weich und melodisch ausgesprochen und geformt wie der Ton eines kostbaren Instrumentes.

Müller schließt die Augen und horcht dieser Stimme, die von etwas spricht, das er fühlt, aber nicht versteht. Und als sie schweigt, als Müller die Augen aufmacht und zu Karinka emporschaut, da sieht er wieder das breite, freundliche Lächeln in dem gesunden Gesicht.

»Was wird aus dir, Karinka?«, fragt er.

Sie legt den Kopf etwas schief in den Pelzkragen und sieht ihn ernst an, dann hebt sie die Hand und vollführt eine sanfte Bewegung im Halbkreis.

»Zurück?«, fragt er atemlos.

Sie nickt und streichelt sein Gesicht. Dann erhebt sie sich mit einer glatten, lautlosen Bewegung und greift in die Tasche ihres Pelzes.

Müller sieht seinen Ring; er funkelt und blitzt in der herabsinkenden Bewegung; er liegt plötzlich in Müllers Hand, und eine andere legt sich darum und klappt die Hand zu.

»Do swidanje, Pan«, sagt sie und lächelt ihm zu.

Er will sich aufrichten, nach ihr greifen, sie festhalten. Aber sie schiebt ihn mit sanfter Gewalt auf das Lager zurück.

Noch einmal versinken ihre Blicke ineinander. Sie lächeln sich zu. Karinkas Hand streichelt leise und flüchtig.

Draußen ertönt Hundegebell. Stimmen werden laut. Schritte kommen zur Tür. Eine untersetzte, in einen schweren Pelz gehüllte Gestalt schiebt sich zugleich mit einer eisigen Kältewelle herein: Alexei Kokowkin.

Er stapft wie ein Bär heran, knöpft den Pelzmantel auf, um sich besser bücken zu können, und reicht Müller die Rechte.

Abschied? Oh, könnte man jetzt die andere Sprache, oh, könnte man jetzt all das in Worten sagen, was man im Herzen fühlt, was sich auf die Zunge drängen will, was heraus möchte.

Müller nickt nur mehrmals, und der alte Kokowkin sagt etwas, ein Lebewohl in seiner Sprache.

Vater und Tochter. Sie stehen nebeneinander und sehen so verschieden aus, so unähnlich einander. Nur ihr Lächeln ist das gleiche, die Art, wie sie noch einmal die Hände heben. Dann gehen sie.

Es ist ein heller, grauer Tag, in den Vater und Tochter hinaustreten. Die Luft steht still. Von den Mündern steigt eine Nebelfahne auf.

Zwischen zwei Koten balgen sich sechs zottige Hunde vor einem Schlitten. Der alte Twaikin bewacht die kläffende Meute mit der Peitsche. Der lange Kufenschlitten ist bereit zur Abfahrt.

Da kommen Vater und Tochter. Rechts drüben tauchen ein paar finnische Soldaten auf und schauen herüber.

»Wir fahren jetzt, Towarisch«, sagt Alexei zu seinem Freund und klopft ihm auf die Schulter, nimmt ihm die Peitsche aus der Hand und winkt Karinka mit dem Kopf, auf dem Schlitten Platz zu nehmen.

Twaikin umarmt den Freund, küsst ihn auf die bärtigen Wangen. »Gott mit dir, Towarisch.« Und dann flüstert er ihm ins Ohr: »Willst du nicht doch bei uns bleiben?«

»Njet«, kopfschüttelt Alexei.

Twaikin holt sich auch von Karinka zwei schmatzende Küsse, fragt auch sie flüsternd und erntet ein kleines Kopfschütteln, einen dankenden Blick.

Der Schlitten ist abfahrbereit. Die Hunde kläffen jeden anderen Laut nieder. Alexei Kokowkin schwingt die Peitsche. Karinka lehnt im Schlitten und presst den Mund zusammen, als plage sie ein Schmerz.

»Hej, hej – Pascholl!«

Die Hunde springen in die Seile, der Schlitten fährt davon.

Karinka blickt noch einmal zurück. Da lockert sich der zusammengepresste Mund, da bricht ein starkes Leuchten aus den dunklen Augen.

Drüben unter der Haustür ist eine hohe, hagere Männergestalt aufgetaucht.

Oberleutnant Müller hat den Uniformrock angezogen, hat die Feldmütze aufgesetzt und das Dienstkoppel umgeschnallt. Die Tapferkeitsauszeichnungen schimmern am Tuch.

Hoch aufgerichtet steht Müller unter der Haustür und legt grüßend die Rechte an den Mützenrand, als steige eine Flagge am Mast empor.

Dieses Bild wird Karinka Kokowkinowa immer in Erinnerung behalten – jenen Mann, der sich trotz seiner Verwundung vom Lager erhoben hat, um den Scheidenden einen Gruß zu zeigen.

»Hej, hej ... Pascholl! Lauft, lauft ... hej, hej!«

Der Ruf verliert sich in der bleichen Weite. Die Tundra verschluckt den Schlitten, und nichts bleibt von den beiden Menschen übrig als eine dünne Schlittenspur, die in Richtung Osten verschwindet.